AF330603

ŒUVRE DE SAINT-PAUL

LA PRESSE CATHOLIQUE

SA MISSION

> *La Presse est une Œuvre pie d'une utilité souveraine.* — (Pie IX.)
> *La Presse est un apostolat.*
> *Tout restaurer en Jésus-Christ. — Ma vie c'est Jésus-Christ.* (St Paul.)

VILLE-D'AVRAY

IMPRIMERIE SOUSSENS ET Cie

1877

ŒUVRE DE SAINT-PAUL

LA PRESSE CATHOLIQUE — SA MISSION

Ville-d'Avray. — Imp. SOUSSENS et Cie.

ŒUVRE DE SAINT-PAUL

LA PRESSE CATHOLIQUE

SA MISSION

> *La Presse est une Œuvre pie d'une utilité*
> *souveraine.* (PIE IX.)
> *La Presse est un apostolat.*
> *Tout restaurer en Jésus-Christ. — Ma vie*
> *c'est Jésus-Christ.* (St PAUL.)

VILLE-D'AVRAY
IMPRIMERIE SOUSSENS ET Cie

1877

ŒUVRE DE SAINT-PAUL

LA PRESSE CATHOLIQUE

SA MISSION

I

L'Europe est en ce moment à l'une de ces heures solennelles qui peuvent décider de son avenir, peut-être pour plusieurs siècles. Si nous voulons l'arracher à la décadence dont la menacent la révolution et l'impiété, il nous faut employer, résolument et avec une extrême énergie, tous les moyens de lutte et de propagande que l'état actuel de la société met à notre disposition. Or, parmi ces moyens, il en est un d'une puissance incalculable, soit pour le bien, soit pour le mal, c'est la Presse.

Il fut un temps, qui n'est pas encore très-éloigné, où la lecture d'un journal était en quelque sorte un des priviléges de la classe aisée. La diffusion des produits de la presse a démocratisé cette lecture. L'ouvrier lit aujourd'hui son journal, l'agriculteur prend quelques instants sur sa pénible journée pour se mettre au courant des événements du jour. Pas de petite ville qui n'ait son imprimerie d'où sort, plusieurs fois par semaine, quelque modeste feuille qui va porter dans toute une contrée les principes sauveurs de la société ou les doctrines démagogiques.

Ainsi tout le monde lit des journaux, et malheureusement ne lit plus guère que des journaux. Le livre est délaissé; il est trop long et trop sérieux, et puis on s'en défie. Le journal, au contraire, est accepté partout, parce qu'il a son avis sur la question actuel, et que souvent il flatte la passion du moment. Il plaît par la variété des articles, l'abondance des renseignements. Il vient ainsi plusieurs fois par semaine, sinon tous les jours, tracer son sillon dans l'opinion publique. Un numéro ne semble pas avoir produit un résultat appréciable ; mais quand le numéro succède au numéro pendant des années, une population soumise à cette influence constante finit toujours par épouser les principes et les passions du journal qu'elle lit. L'action de la presse est rapide et irrésistible surtout quand elle s'adresse aux classes les moins instruites. Elles n'ont point cette instruction générale qui permet de contrôler, au moins superficiellement, les assertions et les enseignements de l'écrivain ; elles n'ont point ce développement de l'intelligence qui fait saisir le sophisme et l'absence de logique ; trop souvent elles ont perdu cette rectitude morale, qui est la pudeur de l'âme, et qui la fait reculer instinctivement devant l'exposé de certaines doctrines.

Les colonnes d'un journal sont donc une chaire du haut de laquelle tout écrivain peut répandre un enseignement. Tandis que l'instituteur n'a d'action que sur l'enfance, le journaliste s'adresse à tout le monde et enseigne sur toute espèce de sujets. L'homme fait a cette prétention superbe de ne relever que de lui-même, de se conduire d'après ses lumières et de ne point accepter d'autre guide. C'est pourquoi toute autorité lui est suspecte. Il croirait s'abaisser en allant écouter les instructions de son curé. On a réussi, hélas ! à rendre le prêtre suspect au peuple ; on le présente comme un ennemi de son bien-être, comme l'instrument d'un parti politique, ou l'agent d'une classe d'exploiteurs. Ces préjugés malheureux nuisent à l'efficacité de l'enseignement ecclésiastique.

Les mêmes préventions n'existent point contre le journal. La presse est donc un des moyens les plus actifs à employer de nos jours pour répandre dans les couches populaires les vérités révélées de la religion catholique et les saines doctrines sociales.

Comment le journalisme a-t-il compris ses devoirs? Est-il un instrument d'édification ou de destruction? Hélas! nous n'avons qu'à jeter un regard autour de nous pour nous apercevoir que les feuilles publiques sont, dans leur immense majorité, les unes plus, les autres moins, des moyens de propagande anti-religieuse et anti-sociale. Celles mêmes qui semblent affecter des sentiments de modération et qui veulent être classées au nombre des journaux conservateurs, sont généralement imbues de ce libéralisme révolutionnaire qui affadit les intelligences, abaisse les cœurs, énerve les volontés et prépare des générations résignées à subir toutes les expérimentations des théoriciens de l'anarchie. Si l'on ne peut point affirmer que ces journaux soi-disant conservateurs et modérés sont un danger immédiat pour une société, il serait plus difficile encore d'attendre l'efficacité de leur concours dans l'œuvre de la restauration du règne de Jésus-Christ.

Les journaux dont nous avons tout à craindre et les journaux dont nous n'avons rien à espérer ne sont pas seulement légion par le nombre ; ils le sont surtout par les millions de leurs abonnés et de leurs lecteurs. Ils ajoutent à l'influence de leur public immense les faveurs des gouvernements et les faveurs des partis ; ils ont pour ainsi dire le monopole des annonces et des affaires ; toutes les agences officielles leur prêtent leur appui et leur fournissent les renseignements, et les puissances mêmes de la finance comptent avec leur quatrième page et avec leur bulletin de la Bourse.

Qu'elle est petite la presse catholique, comparée à ces Léviathan ! Les journaux consacrés à la défense de nos croyances et de nos intérêts religieux sont rares et peu lus. Trop souvent les gens de bien, par lâcheté, par indifférence, par défaut d'intelligence, sont les pires ennemis du journalisme catholique. Il faut avoir l'expérience de la presse comme nous l'avons, pour savoir pour quels futiles motifs nous sommes abandonnés par beaucoup de ceux qui pourraient et devraient nous soutenir. Pour une légère imperfection (du moins à leurs yeux), pour une mince question de tactique, pour une imperceptible nuance d'opinion sur un point secondaire, ils refusent de s'abonner à un journal catholique ou le renvoient après s'y être abonnés. Que prennent-ils alors ?... Un journal libéral qui ne sera avec eux en communauté d'idées ni sur la politique, ni sur les questions sociales, ni sur la religion. Ce journal n'aura pas, apparemment, ces petites taches qui effarouchaient dans la feuille catholique ?

Ah ! non ! Seulement, il viendra chaque jour apporter dans votre maison l'insulte à vos croyances, l'outrage à la sainte Église, la diffamation du clergé et des ordres religieux. Il viendra répandre chez vous le venin des erreurs en vogue et des préjugés les plus dangereux. Il offrira à votre famille, dans des feuilletons lus avidement, un aliment aux rêveries de l'imagination et trop souvent un encouragement efficace aux passions désordonnées. Comment comprendre tant de rigorisme vis-à-vis de la presse religieuse et cette résignation, ce n'est pas assez dire, cette complicité vis-à-vis de la presse qui n'est pas catholique ?

Il y a là un aveuglement d'autant moins explicable, que la question religieuse tend à devenir la grande, l'unique question de notre époque, celle d'où dépend l'avenir des nations, et l'existence même de la société.

Contre l'ennemi extérieur et contre l'ennemi intérieur, la France n'a d'autre rempart que l'Église catholique romaine.

Malgré ses défaillances, la France est restée la fille aînée de l'Église; quoi qu'en pensent ceux que cette situation trouble dans leur scepticisme, les intérêts catholiques sont dans le monde entier les intérêts mêmes de la France. Cette nation a des amis, partout où il y a des chrétiens qui font le signe de la croix et qui sont membres de l'Église catholique romaine. Le sauvage instruit et baptisé par un missionnaire français; le missionnaire soutenu par l'Œuvre admirable de la Propagation de la Foi; les chrétientés du Levant clientes de la France depuis des siècles; toutes les minorités catholiques au sein des nations protestantes: voilà des forces d'opinion qui sont acquises à la fille aînée de l'Église. C'est une duperie de travailler à la séparation des deux intérêts; c'est travailler à l'isolement de la France dans le monde.

Jamais cette vérité ne s'était révélée avec autant d'évidence que depuis les événements si douloureux de 1870-1871. Que nous interrogions les catholiques ou leurs persécuteurs, les uns comme les autres nous assurent que ni l'exil de Mgr Mermillod, ni la déposition de Mgr Lachat, ni les baptêmes à main armée, ni le vol de l'église de Notre-Dame, de Genève, et des Saints-Pierre et Paul de Berne, ni l'expulsion des Sœurs de la charité et des Petites-Sœurs des Pauvres, ni le bannissement du clergé du Jura, et l'oppression de tout un peuple, aucun des actes de cette persécution n'aurait été tenté si la France n'était point condamnée par son affaiblissement à tout laisser faire en Europe.

La politique allemande connaît les intérêts de la France mieux que beaucoup de Français, elle comprend que tout État qui persécute le catholicisme est par là-même solidaire de la Prusse. Aussi la voyons-nous travailler à enfermer la fille aînée de l'Église dans un cercle de gouvernements hostiles à la religion romaine, et l'on est en ce moment encore à se demander, en Europe, si l'objet principal de la haine du puissant chancelier prussien est la France ou l'Église de Dieu, et si ce n'est pas pour écraser d'une manière définitive « l'ennemi héréditaire » qu'il s'efforce de ruiner le catholicisme dans le monde. »

Les nations modernes portent un ver rongeur dans leur sein, c'est la révolution, ou le naturalisme politique. La révolution a deux principales manifestations : c'est le socialisme en bas, et c'est en haut le césarisme. Quand nous disons le césarisme, ce n'est point pour entrer dans les discussions des partis en France; ce que nous appelons de ce nom, c'est la subordination de l'Église à l'État, ou, ce qui revient au même, la séparation de l'Église et de l'État; c'est la dépendance de la conscience du chrétien vis-à-vis du législateur humain demandant au nombre la faculté de commander.

Seul le catholicisme a les doctrines qui sauvent les sociétés de la révolution césarienne et de la révolution socialiste. Ces doctrines de vie, l'Église catholique les a encore affirmées de nos jours par l'encyclique *Quanta cura* et par le *Syllabus;* elle les a confirmées par ces admirables encycliques du Souverain-Pontife qui ont condamné la persécution en Allemagne, en Suisse, en Italie, en Turquie et au Brésil. Toutes les autres sectes religieuses ont pactisé avec les doctrines révolutionnaires, et voici même la réforme qui les fait entrer dans son symbole en adoptant, sous le nom de protestantisme libéral, un naturalisme religieux dans lequel ne subsistent plus même ces vérités élémentaires comprises sous le nom de religion naturelle.

II

Qui est responsable de cette instruction? Qui a répandu au sein des sociétés les abrutissantes doctrines du césarisme et les convoitises insensées du socialisme? Qui a détruit dans les âmes la croyance pratique au christianisme, la croyance à l'intervention divine dans le gouvernement des sociétés humaines? Qui a appris au peuple qu'ils ne doivent accepter dans leur politique et dans leur organisation aucune autorité supérieure à l'autorité de l'homme? N'est-ce point la presse qui a commis ce crime? La presse est donc l'arme la plus redoutable dont disposent les ennemis de la religion et de la société. Est-ce qu'on peut souffrir qu'ils continuent leur travail de désorganisation? Et comment leur résister autrement que par une lutte à armes égales, c'est-à-dire en se servant contre eux des mêmes armes qu'ils emploient contre nous?

L'heure est venue d'écouter Pie IX et de mettre en pratique ses enseignements sur l'influence de la presse. Le grand Pape affirme que **la Presse est une Œuvre pie d'une utilité souveraine.** Quand donc les catholiques comprendront-ils son importance, comme moyen d'action rapide, universelle, facile, devant servir à la restauration du règne de Jésus-Christ.

La Presse doit être baptisée et élevée A LA DIGNITÉ D'UN APOSTOLAT par la *prière,* par le *dévouement,* par la *pureté d'intention et des doctrines,* par la *mission venue de Rome.* Oui, nous ne cesserons de le dire après Pie IX : la *Presse* ainsi entendue est une nouvelle forme de l'apostolat : Assez, assez longtemps nous l'avons laissée entre les mains des adversaires de Jésus-Christ pour tuer la foi dans les âmes, c'est l'heure de sortir du sommeil. Il ne suffit pas de gémir, il faut *agir* et *agir* avec vigueur pour JÉSUS-CHRIST par la Presse.

Ne voyez-vous pas ce qui nous est réservé, si nous n'agissons virilement et si nous ne revenons à JÉSUS-CHRIST et cela sans retard et avec une énergie apostolique ?

La nuit d'un paganisme apostat descend sur les âmes, envahit les familles et prépare aux peuples toutes les horreurs. Il faut donc que ceux qui croient à l'*Éternité* marchent avec fermeté et ardeur à la lumière de la nouvelle étoile de Jacob, le Concile du Vatican, vers une réaction profondément chrétienne, s'ils veulent assurer leurs divines destinées et sauver leurs frères... Il nous faut des saints... c'est le cri du Père de Ravignan. Mon Dieu, donnez-nous des saints ! Que ce cri monte jusqu'au SACRÉ-CŒUR DE JÉSUS ! Des vertus héroïques sont seules à la hauteur de nos périls ; les demi-vertus, les demi-mesures, les demi-chrétiens ne sauveront rien ; la médiocrité en toutes choses nous a étiolés et finit par nous tuer.

Nous faisons appel aux âmes viriles qui, souffrant avec l'Église de la perte éternelle de tant d'âmes et de cette apostasie des nations, veulent demander le salut à JÉSUS-CHRIST, à JÉSUS-CHRIST SEUL, en dehors de toutes les vaines préoccupations humaines de quelque nature qu'elles soient. *Mon Dieu, donnez-nous des saints ! — L'Éternité du Ciel,* voilà ce qu'il faut sauver dans le naufrage révolutionnaire qui engloutit les richesses divines de vingt siècles de foi.

Au bout du compte, *que sert à l'homme de gagner l'univers entier s'il vient à perdre son âme ?*

Advienne que pourra, *je veux sauver mon âme !* Le *Ciel* ou l'*Enfer* pour une *Éternité...* Le Ciel, *voir Dieu tel qu'il est, être semblable à Lui ! ! !* Tous ceux qui ont cette espérance se sanctifient. « Mon Dieu, donnez-nous des saints ! »

Des appuis que l'Église trouvait autrefois dans la société, pour aider l'homme à se sanctifier et à atteindre la vision de Dieu, la plupart lui ont été enlevés, et ont même été retournés contre elle. On s'est emparé de ses hôpitaux, de ses écoles, de ses universités ; on a chassé le clergé de la place qu'il occupait dans l'État. Les anciens moyens d'actions manquent au catholicisme, ou ont perdu de leur efficacité par les changements introduits dans les mœurs. Mais il est d'autres moyens d'influence dont l'Église peut tirer son parti. La presse est le plus puissant de ces moyens. Les catholiques ont été lents à comprendre cette vérité. Il y avait longtemps que nos adversaires étaient pourvus d'un journalisme solidement organisé, et accaparaient ce qu'on est convenu d'appeler l'opinion publique, tandis que nous n'avions qu'un nombre imperceptible d'organes. La situation s'est rapidement améliorée dans ces dernières années, grâce aux encouragements du Saint-Siége et de l'épiscopat. On a créé dans tous les pays un bon nombre de journaux qui se consacrent à la défense des vrais principes sociaux et des doctrines catholiques dans leur rapport avec la politique. Ce mouvement doit s'étendre, s'affermir, se compléter, et c'est ce but que nous poursuivons par l'Association ou ŒUVRE DE SAINT-PAUL.

III

Nous avons donné saint Paul pour Patron à notre Œuvre, afin de montrer que, dans notre pensée, la presse catholique doit être une Œuvre de dévouement, de labeur incessant et un véritable apostolat. Le grand Apôtre des nations a mis au service de la religion du CHRIST toutes les ressources matérielles et intellectuelles que lui fournissait la civilisation de son temps. Notre civilisation a des ressources que les âges précédents n'avaient point connues. Croit-on que, si saint Paul revenait sur la terre, il craindrait de se servir de ces puissants moyens d'actions ? Notre Œuvre a pour but de faire, dans la mesure de notre faiblesse et de notre humilité, une partie de ce qu'aurait fait l'Apôtre des gentils, s'il eût vécu de nos jours. Les arts typographiques, les progrès industriels, la rapidité des communications, l'instantanéité des informations télégraphiques, le tribut payé par les annonces à la presse : il faut que tout cela serve la cause de Dieu et de son Église, par l'Œuvre de Saint-Paul, pour la restauration du règne de JÉSUS-CHRIST dans les sociétés.

Oui, *Saint-Paul* le Prédicateur de la Vérité dans la monde, le Docteur des nations est bien le Protecteur, l'Inspirateur de l'*Apostolat par la Presse*. La foi de l'Apôtre, à toute épreuve, en JÉSUS-CHRIST : *Scio cui credidi;* son invincible espérance en JÉSUS-CHRIST : *Omnia possum in Eo qui me confortat;* son inextinguible amour de JÉSUS-CHRIST : *Quis me separabit a charitate Christi;* sa soif du salut des âmes : *Volo anathema esse pro fratribus meis;* son indomptable ardeur pour la restauration du règne de JÉSUS-CHRIST : *Instaurare omnia in Christo;* ses divines épîtres toutes pleines du mystère de JÉSUS-CHRIST et de l'Église ; sa vie, son martyre : tout nous le désignait pour être notre Père. Il fallait donner entre tous les saints, à l'*Apôtre des nations, au Prédicateur de la Vérité dans le monde entier,* la première place dans une Œuvre qui n'aura qu'une pensée, JÉSUS-CHRIST; qu'une espérance, JÉSUS-CHRIST, et qu'un amour, JÉSUS-CHRIST; qu'une passion AFFIRMER DANS LE MONDE ENTIER CETTE ROYAUTÉ DE JÉSUS-CHRIST.

Par les documents que nous allons publier, le lecteur se convaincra

combien les cadres de cette Association sont vastes, et peuvent s'adapter
à la diversité des situations et des circonstances.

A

Nous proposons d'abord une association entre les hommes de talent
et de dévouement qui consacrent leur temps et leur plume à la défense
de la vérité catholique et des intérêts de l'Église. Cette association a
pour lien la prière et la soumission sans réserve à tous les enseignements
du Concile du Vatican et de la chaire de Pierre, et plus spécialement
à ceux de ses enseignements qui, comme l'encyclique de 1864 et le
Syllabus et les constitutions dogmatiques du dernier Concile, ont trait
aux questions politiques et sociales, et démasquent le naturalisme en
définissant les rapports entre l'ordre naturel et l'ordre surnaturel.

B

Nous proposons en second lieu une association entre les catholiques,
qui, sans se vouer à la carrière du journalisme, sont disposés à favoriser
les feuilles religieuses par les bonnes œuvres, par les abonnements, par
les subsides et par la propagande. Cette seconde catégorie d'associés de
Saint-Paul a aussi pour arme principale la prière ; et repose sur l'intelligence des besoins de notre époque et sur une saine appréciation des
services qu'une presse fortement organisée, et procédant avec entente,
peut rendre à la cause de la religion et au bien de la patrie.

C

En troisième lieu, nous avons fait appel au dévouement de la femme
chrétienne, afin que, par ses prières, par son travail, par son amour de
Jésus-Christ et des âmes, elle aide aussi à créer cette nouvelle forme
de l'*Apostolat* par la presse, continuant ainsi la grande mission des
moines copistes du moyen-âge.

Nous nous sommes demandé si la femme en effet n'avait pas sa raison
d'être dans les ateliers d'une *Imprimerie catholique*, cet hôpital des
âmes, si ce travail n'était pas avant tout un travail de femme, et si son
dévouement pour l'Église ne pourrait pas recevoir cette application
nouvelle, et si l'Œuvre de Saint-Paul ne serait pas un vase nouveau

capable de recevoir la Grâce et un canal pour la communiquer au monde et pour sanctifier la Presse, la plus grande force de nos temps.

Nous nous sommes demandé si des âmes enflammées de l'ardeur du Carmel, inspirées de l'amour de Jésus-Christ, comme la Bienheureuse Marguerite-Marie, la fille de la Visitation, et dévorées de la soif de la pénitence et du silence de la Trappe, ne comprendraient pas la beauté de cette vie apostolique et ne se grouperaient pas dans un atelier de typographie, sous le regard de Jésus-Christ, sous la protection de saint Paul et de la Bienheureuse Marguerite-Marie, sans autres liens que ceux de l'amour du Crucifié et du Tabernacle, sans autre costume que celui d'une blouse, sans autre vœu que celui de leur libre persévérance renouvelée chaque jour, sans autre espoir que de vivre de prières, de sacrifices, de silence sous le bénéfice du droit commun pour la restauration du règne de Jésus-Christ, ressuscitant ainsi le dévouement de sainte Véronique et des filles d'Israël sur la route du Calvaire ou des femmes apostoliques qui servaient les Apôtres. Ces chrétiennes ouvrières ne seront-elles pas un rayonnement nouveau de ces vertus antiques répondant au besoin de nos temps.

Eh bien cette question si grave, après avoir été étudiée pendant de longues années dans la prière et le silence, est aujourd'hui résolue. Il y a trois ans, sept jeunes filles, éclairées sur la portée de la presse et sur sa mission apostolique, répondirent à l'appel qui leur fut fait et essayèrent de cette forme nouvelle du dévouement apostolique, libre et spontané ; elles prirent la blouse et le Crucifix et entrèrent dans les ateliers d'une imprimerie. Aujourd'hui, les sept premières sont devenues cinquante et l'expérience faite a dépassé toute attente.

On dirait que saint François de Sales avait pressenti cette forme du dévouement catholique de la femme du XIXe et du XXe siècles. Voici ce qu'il écrivait :

« Que je serais consolé, si je pouvais voir en l'Église de Dieu une « société de filles ou de femmes, où l'on ne portât d'autre dot qu'une « bonne volonté et l'industrie de gagner sa vie du travail de ses « mains, et qui, pour cela, n'eut point d'autre chœur que la salle du « travail, où toutes ensemble participassent à la félicité dont parle le « prophète ! *Vous serez bienheureuses si vous mangez le fruit du* « *travail de vos mains.*

« Mon Dieu ! la grande consolation de manger son pain à la sueur « de son visage, et de pouvoir dire avec le grand Apôtre : *Voilà des* « *mains qui, non-seulement m'ont fourni les choses nécessaires,* « *mais encore à ceux qui souffraient la nécessité !* Cette pauvreté « est plus exquise devant Dieu que tous les trésors de la terre. C'est en « cela que consiste proprement la vraie pauvreté évangélique, telle que

« l'a pratiquée la sainte Vierge, saint Joseph et les Apôtres, quittant
« tout pour vivre de leur travail surnaturel et corporel. »

A ces trois formes principales de l'association catholique de la presse
sous le patronage de saint Paul, d'autres formes pourront venir s'ajouter
à mesure que nous en aurons les moyens et que le besoin s'en fera sentir.
Nous avons étudié les questions qui se rapportent à la presse : c'est
pour en trouver les solutions dans la solidarité et dans une action commune, que nous avons cru devoir faire appel à la charité des catholiques
intelligents et provoquer des dévouements généreux en faveur de
l'Œuvre de Saint-Paul.

V

M. le Chanoine Schorderet a fait un voyage à Rome, un pèlerinage
ad limina Apostolorum, pour exposer de vive voix le plan et l'organisation de l'Œuvre de Saint-Paul que Sa Sainteté Pie IX avait
déjà approuvée, et recevoir du grand Pontife de nouvelles lumières
sur une Œuvre aussi grave.

Pie IX accorda une longue audience privée au Fondateur de l'Œuvre
de Saint-Paul, et Sa Sainteté écouta avec une attention grandissante
tout ce qui lui était dit de la vie intime de cette Œuvre dont le
but est de sanctifier la presse et d'en faire dans nos temps agités
et troublés une des formes de l'apostolat. Il attira le Fondateur
près de lui, le marqua sur le front du signe de la croix et lui remit une
médaille en argent. Voici comment l'*Univers* du 2 avril 1875 rendait
compte de cette audience :

« M. le Chanoine Schorderet fondateur de l'Œuvre de Saint-Paul, a
obtenu une audience particulière du Saint-Père.

« Il a exposé à Sa Sainteté l'Œuvre de Saint-Paul, comme il avait
fait aux Congrès de Paris, et dans les salons des Œuvres, au Cercle
catholique.

« Le Saint-Père l'a écouté avec une bonté toute paternelle, qui répon-
dait à l'expansion toute filiale de celui qui venait chercher au Vatican
des lumières et de la force.

« Le Saint-Père a fortifié d'un mot celui qui était agenouillé à ses pieds :
« *C'est une bonne pensée, courage.* » Rassuré par cette parole, M. le
Chanoine Schorderet revint sur cette vérité : *combien il est nécessaire*
d'élever la presse à la dignité d'un apostolat ; il remercia Sa Sainteté
des brefs adressés déjà à cette Œuvre naissante, lui donna connaissance
des résolutions des Congrès de Paris par rapport à cette Œuvre, et insista
sur cette pensée que la presse devrait avoir à son service, à la suite de
ceux qui en ont déjà fait un apostolat et nous ont donné l'exemple, des

hommes décidés à tout souffrir, la mort même, pour faire connaître au monde par la presse, la seule chose qui puisse le sauver en le ramenant à Jésus-Christ, les doctrines pures, intégrales de l'Église catholique, infaillible dans son chef suprême.

« Le Saint-Père alors, avec une émotion profonde et un regard inspiré, résumant le discours de saint Paul fait à Milet, aux évêques de l'Église d'Ephèse, avant son départ pour Jérusalem (Actes des Apôtres, ch. 20), pressentant toutes les difficultés et les épreuves d'une Œuvre si militante et si apostolique, cita les paroles du grand apôtre Paul à celui qui le prenait pour protecteur et modèle :

« *Et maintenant je vais à Jérusalem, ignorant ce qui doit m'arriver..., mais je ne crains rien de ces choses, et je ne regarde pas ma vie comme plus précieuse que moi, pourvu que j'accomplisse ma course et le ministère que j'ai reçu du Seigneur Jésus, de rendre témoignage à l'Evangile de la grâce de Dieu.* »

« Celui qui était à genoux à ses pieds se souvint de la parole de l'Apôtre inscrite sur la colonne même où Martial attachait saint Paul dans sa prison : *Verbum Dei non est alligatum*, la parole du Verbe divin n'est point enchaînée. C'est à réaliser cette parole sublime que travaillent ceux qui veulent faire de la presse un apostolat. Et le Saint-Père ajouta avec vigueur : *Non, non est alligatum*.

« Le Saint-Père revint encore sur le libéralisme catholique qui amoindrit la vérité, et sur les conséquences de cette peste très-funeste, comme l'appelle Pie IX ; car le libéralisme voudrait aussi, à sa façon, lier à la colonne des gouvernements, au nom de je ne sais quelle raison d'Etat, *la parole du Verbe...* Le Saint-Père condamna de nouveau ce péril de notre temps qui neutralise tous les courageux efforts des hommes de vérité.

« Le Saint-Père, après avoir conseillé à M. le Chanoine Schordèret d'aller prier saint Paul dans la riche basilique dédiée à l'Apôtre des nations, hors les Murs, lui a promis que lui-même prierait pour l'Œuvre, à laquelle il donnait de nouveau sa bénédiction.

« M. le Chanoine Schorderet annonça aussi à Sa Sainteté la consécration, par Mgr Mermillod, d'un autel dédié à saint Paul, qui serait l'autel de l'Œuvre, dans le sanctuaire béni de Paray-le-Monial, le 2 juillet 1875, jour de la Visitation de la Très-Sainte Vierge, et le Saint-Père a appris cette nouvelle avec bonheur. »

Au pied de cet autel se trouve gravée cette parole de l'Apôtre : *Verbum Dei non est alligatum*, et, sous la porte du Tabernacle, celle de saint Jean Chrysostôme : *Cor Pauli, Cor Christi.*

VI

Maintenant l'Œuvre de Saint-Paul fait appel à la charité des fervents catholiques qui ont la conviction de cette parole de Pie IX : LA PRESSE EST UNE ŒUVRE PIE D'UNE UTILITÉ SOUVRAINE.

Toutes les personnes qui feront un don de 100 francs sont considérées comme Membres adhérents de l'Œuvre de Saint-Paul.

Tous les dons, même les plus minimes, seront reçus avec une religieuse reconnaissance.

L'un des moyens aussi de venir en aide à l'Œuvre serait de faire, aux fondateurs de la maison de Paris, des prêts à longs termes qui seraient garantis sur les biens et le matériel que possède l'Imprimerie de Saint-Paul à Paris, rue de Lille, 51.

Il a été fondée une Conférence de Saint-Paul pour venir en aide à l'Œuvre de Saint-Paul. La première réunion eut lieu dans les salons de MGR DE SÉGUR.

Étaient présents : MM. le vicomte d'Avenel, le marquis de Biencourt, J. Chantrel, docteur Frédault, Lestourgie, ancien député, l'abbé Martin, le vicomte de Ponton d'Amécourt, le comte de Ruty, le vicomte de Saint-Asaph, l'abbé Théodore.

Absents et excusés : MM. le Chanoine Schorderet, fondateur de l'Œuvre, le comte du Pont, le vicomte d'Aboville, de La Baume, le baron de Commaille, Maurice de Junquières.

Le Bureau est composé comme suit :

Président d'honneur, Sa Grandeur MGR DE SÉGUR ;

Secrétaire, M. Lestourgie ;

Trésorier de l'Œuvre et Membre correspondant, M. le vicomte d'Amécourt.

On est prié d'adresser tous les dons soit en argent soit en nature à M. le vicomte d'Amécourt, trésorier de l'Œuvre, rue de Lille, 36, à Paris.

M. le vicomte d'Amécourt, donnera volontiers tous les renseignements et tous les détails sur l'Œuvre à tous ceux qui lui en feront la demande.

CONFÉRENCE DE SAINT-PAUL

POUR

LE PATRONAGE DE L'ŒUVRE DE SAINT-PAUL

L'Œuvre de Saint-Paul, ou de l'apostolat par la presse, commencée depuis plusieurs années a été définitivement organisée aussitôt après le Congrès des Comités catholiques de France, tenu à Paris en avril 1874.

M. le Chanoine Schorderet, fondateur de l'Œuvre, y fut invité à faire un rapport sur les devoirs des catholiques à l'égard de la presse à notre époque. Il fit connaître sa pensée intime longtemps méditée et déjà réalisée en partie, c'est-à-dire la fondation d'une société sous la protection et le vocable de saint Paul, dans le but d'élever la presse à la dignité d'un apostolat :

1° Par une mission spéciale venant de l'Église ;

2° Par le dévouement chrétien et par l'esprit de sacrifice ;

3° Par la prière ;

4° Par des dons charitables en faveur de la presse apostolique.

Cette pensée fut accueillie avec des applaudissements unanimes au Congrès, où M. le Chanoine Schorderet reçut les plus puissants encouragements.

Rapport de M. le Chanoine Schorderet au Congrès catholique de Paris. — Avril 1874.

Monsieur le Président ;
Messieurs,

Pour préciser d'une façon pratique les *devoirs* des catholiques vis-à-vis de la presse, il faut connaître la situation qui lui est faite à l'heure qu'il est dans le monde, et le rôle qu'elle joue dans cette lutte acharnée de la Révolution contre l'Eglise.

Messieurs, le rôle de la presse ne vous est pas inconnu. Les découvertes modernes, la vapeur, l'électricité, le perfectionnement du mécanisme de l'imprimerie, ont créé à la presse une large place dans les luttes actuelles.

La vapeur et l'électricité supprimant les distances, tout ce qui remue, tout ce qui combat, tout ce qui souffre éveille à l'instant, dans le monde entier, par le moyen de la presse, des tressaillements ou des angoisses qui ont leur foyer dans l'amour ou dans la haine du Christ. (Applaudissements.)

Pas une insulte n'est infligée à l'Église dans un coin quelconque du globe, même le plus isolé, qui ne retentisse aussitôt dans le monde entier.

Pas une calomnie ne s'affirme, pas un scandale n'éclate dans l'un ou l'autre des hémisphères, qui ne soit connu bientôt aux deux pôles.

Vous me direz peut-être : c'est vrai ; mais, grâce aussi à la presse, pas une plaie n'est faite à l'Église, qu'elle ne soit aussitôt pansée par une tendre et fraternelle charité.

A qui le dites-vous, Messieurs ? Oh ! bénie soit la presse catholique de France, de cette vraie France dont parlait hier Mgr de Ségur, qui a pansé les blessures faites à l'Église en Suisse, cette patrie que nous aimons d'un amour d'autant plus fort qu'elle est plus malheureuse. Les souscriptions que vous tenez ouvertes dans vos grands organes de France en faveur des catholiques de Suisse, sont notre consolation, notre soulagement et votre gloire.

Mais, est-ce que l'influence qu'exerce la bonne presse peut nous consoler des ravages de la presse révolutionnaire ?

Filii tenebrarum prudentiores. — Oui, Messieurs, plus habiles, plus intelligents, plus courageux que les fils de la lumière, les fils des ténèbres nous font la leçon. Ils ont, eux, l'intelligence de cet engin qui a nom la presse, ils savent, eux, manier cette arme, ils la connaissent et l'exploitent, ils en usent et abusent. *Prudentiores.*

Oui, parmi les moyens les plus actifs et les plus puissants de perversion populaire qu'on ait employés pour amener la désorganisation sociale dont nous sommes les témoins attristés, la presse anti-chrétienne tient sans contredit le premier rang. Ce sont les mauvais journaux qui peuvent revendiquer en première ligne cette responsabilité effrayante.

Ils affluent de toutes parts, dans nos villes et dans nos campagnes ; ils arrivent à bon marché et gratuitement dans la chaumière et dans l'atelier, chez le bourgeois et chez le prolétaire, dans les estaminets, les cafés et les hôtels ; le riche dans le silence, sur son sopha, le conducteur de fiacre au milieu du bruit de la rue, le négociant dans son magasin ; lisent les journaux, et quels journaux ? Dans les cabarets surtout les mauvais journaux sont lus avec passion ; avidement écoutés, ils s'imposent avec une autorité incontestable et ils règlementent souverainement l'opinion. Qui dira jamais le mal qu'a fait à la France le *Siècle,* dans cette chaire de pestilence des cabarets ? Répandue partout, et fonctionnant avec une effrayante activité, la mauvaise presse ne recule devant aucun moyen, lorsqu'il s'agit d'empoisonner les âmes. (C'est vrai ! c'est vrai !)

Pour pervertir l'esprit, elle déprave le cœur, elle altère, par des feuilletons licencieux et des romans immoraux, l'imprudent qu'elle veut séduire. Elle sait offrir aux esprits cultivés les élégances littéraires, elle connaît aussi le langage de la *Lanterne* ou de l'*Ami du peuple* de Marat pour se faire comprendre des classes populaires. Elle fait contre Jésus-Christ ce que saint Paul a fait pour lui : *Tout à tous.*

Oui, ce qu'il y a de commun dans la presse malsaine, quelle que soit sa forme, c'est la haine de Jésus-Christ et de son Eglise.

Il se fait par cette presse infernale un travail de décomposition sociale qui ne peut échapper aux observateurs même des plus distraits, et qui doit troubler la sécurité des conservateurs même les plus confiants.

Les doctrines, non-seulement les plus hostiles à la religion, mais les plus dangereuses pour la paix publique et pour tout ce qu'il y a d'honnête et de légitime dans les intérêts privés, ont leur tribune dans des journaux très-répandus et d'autres publications à grand succès. Elles s'infiltrent chaque jour plus profondément dans les classes de la société où leur action trouve le moins de résistance, et qui sont prédisposées à en pousser l'application à ses limites extrêmes.

Ce n'est plus seulement, comme on l'a fait remarquer tant de fois, l'Eglise catholique, ses dogmes et son culte, le christianisme et la révélation divine tout entière qu'on attaque et qu'on calomnie, c'est Dieu lui-même qu'on déclare n'être plus qu'un vieux mot, si on le distingue de l'ensemble des êtres dont se compose l'univers; c'est l'âme que l'on dépouille de sa spiritualité, de sa liberté, de son immortalité; — qu'on réduit à n'être plus qu'un effet passager de notre organisme matériel, et à laquelle on n'accorde d'autre avenir que la putréfaction du tombeau et les transformations chimiques qu'elle entraîne. (Mouvement.)

Quant à la morale, on en supprime la base en niant qu'il y ait aucune distinction réelle entre le bien et le mal, le vice et la vertu, et en déclarant l'homme irresponsable de ses actes.

Tout cela s'écrit, s'imprime, se vend, se prête chaque jour au nom de la science, de la littérature, de la fraternité et de la liberté.

Et dire que cela ne cause ni grande surprise, ni graves inquiétudes à bon nombre de chrétiens qui, refusant d'admettre ces théories dégradantes et infâmes pour leur propre compte, les subventionnent et en accroissent la diffusion par leurs souscriptions, leurs annonces et leurs abonnements !

Les causes morales produisent leurs effets aussi bien que les causes physiques. L'atmosphère intellectuelle ne peut se saturer d'émanations délétères sans que les conditions de la vie de l'âme en soient troublées.

Détruire la vérité et la morale en théorie, c'est préparer le crime de la pratique. Les hommes de 93, de 48 et de 70 ne peuvent être remis en honneur, sans que les troubles violents et toutes les calamités de ces temps-là ne soient près de reparaître.

Ecoutez la voix des évêques de la Suisse. Dans un mandement collectif adressé à tous les catholiques de leur pays, ils ont signalé les influences pernicieuses de la presse anti-chrétienne.

Après avoir fait un devoir aux catholiques de ne pas lire, de ne pas s'abonner à de mauvaises publications, après avoir réfuté tous les prétextes par lesquels les catholiques s'abonnant ou lisant de mauvais journaux cherchent à rassurer leur conscience, ils ajoutent :

« Si nos avertissements ne vous suffisent pas, N. T.-C. F., jetez un regard sur le monde de nos jours; voyez où il en est venu; considérez comment, en peu d'années, il a changé de face et s'est transformé.

« Qui a répandu dans les masses l'incrédulité qui jadis n'apparaissait ça et là, comme un fantôme, que dans quelques têtes folles ou dans quelque repaire de sociétés secrètes ? Qui a ravi l'espérance du ciel à de prétendus esprits forts ? Qui les a poussés à ne plus chercher leur bonheur que sur cette terre ? Qui les a livrés aux sens réprouvés, aux désirs mauvais, aux passions honteuses ? D'où leur vient cette soif ardente de jouissances sensuelles ? D'où s'exhalent ces miasmes pestilentiels de luxure infectant l'atmosphère que respirent tout âge et toute condition ? D'où provient cet impétueux torrent de débauche et de libertinage, qui de ses flots rapides envahit tout, engloutit tout dans des gouffres dévorants ? Qui a brisé dans les cœurs la droiture de la conscience, dans les États la puissance du droit, dans les nations le respect de l'ordre ? D'où vient que nous voyons entasser crimes sur crimes, l'ordre social et l'ordre public disparaître en quelques instants et les peuples languir, succomber sous le faix dont les écrasent l'ordre armé au-dedans et la paix armée au-dehors ?

« Ah ! la responsabilité de tous ces maux, c'est sur la presse anti-chrétienne qu'elle retombe de tout son poids. Oui, c'est elle qui les a engendrés..... » (Sensation.)

Messieurs, sommes-nous arrivés à ces temps prédits par saint Paul où les hommes ne pourront plus souffrir la saine doctrine et où, tourmentés du désir d'entendre des choses de leur goût, ils accumuleront, pour ainsi dire, des maîtres dont l'enseignement flattera leurs passions : *Ad sua desideria coacervabunt sibi magistros*..... dégoûtés de la vérité, ils fermeront l'oreille à sa voix et ne prêteront leur attention qu'à des fables pernicieuses : *A veritate quidem auditum avertent, ad fabulas autem convertentur*.

Ne cherchons point ailleurs la cause de cet état permanent de trouble et de péril où se trouve l'Europe ; elle est tout entière dans l'insouciance, le dédain, la haine dont la religion de Jésus-Christ est devenue l'objet parmi nous, et dans l'ardeur insensée avec laquelle sont accueillies les fausses et perverses doctrines qu'on prétend substituer à l'Évangile.

Voilà les fruits des mauvaises publications.

Or, si la mauvaise presse fait tant de ravages, si elle est l'une des causes efficientes, pour ne pas dire la première, de l'incrédulité, de la haine, des désastres qui passent sur le monde ; est-ce que nous, catholiques, nous ne devons pas *réagir* contre elle et opposer nos sacrifices aux sacrifices que font les suppôts de la révolution pour soutenir les mauvais journaux, ces *chaires de pestilence ?*

Oui, nous devons trouver, il le faut, dans la charité intelligente des catholiques, les moyens de lutter, par la bonne publication, contre les publications malsaines.

Notre grand tort, c'est de ne point le comprendre assez. Si nous voulons vaincre, il faut combattre à armes égales. Que peuvent les arbalètes du moyen-âge contre les armes modernes ? Le mal, c'est que nous arrivons toujours trop tard. Nous ne comprenons la valeur d'une invention que par les ravages qu'elle fait dans notre camp. (Très-bien ! — Applaudissements.)

En face de cette situation qui est faite à l'Église et à la société par la presse anti-chrétienne, notre devoir, à nous catholiques, est connu :

Notre grand devoir, le devoir général des catholiques est de travailler énergiquement et dans toutes les sphères de l'activité humaine, à la restauration du règne de Jésus-Christ, *Instaurare omnia in Christo,* dans les âmes, dans les familles et dans la société.

La presse, dans ce travail infernal qui se fait de destruction du règne de Jésus-Christ, ayant exercé le premier rôle, nous devons, nous aussi catholiques, lui assigner un rôle principal, le premier peut-être, après la prière, dans le travail surnaturel de la restauration du règne de Jésus-Christ sur la terre.

Il est de notre devoir, d'abord, de combattre la presse anti-catholique par tous les moyens légitimes en notre pouvoir. Nous devons faire contre elle, sur l'autel de la foi le serment d'Annibal contre Rome : déclarer à la mauvaise presse une guerre ouverte, à mort, tout en plaignant les hommes qui la servent. (Applaudissements.)

Les évêques de la Suisse, dans cette même lettre pastorale collective, dont nous venons de citer un extrait, ont fait un devoir rigoureux aux catholiques de se désabonner aux mauvais journaux; de ne pas les acheter, ni les prêter, ni les lire; de ne point leur donner nos annonces.

Mgr l'archevêque de Cambrai, il y a plus de vingt ans, signalait déjà ces ravages que cause la mauvaise presse; et, il y a quelques années, il renouvelait les mêmes avertissements. Cette année encore, NN. SS. les évêques d'Angers et de Tournay faisaient de la mauvaise presse l'objet de leurs mandements de carême (1).

La voix autorisée de Pie IX, Vicaire de Jésus-Christ, celle des évêques, nos Pères dans la foi, ne sera-t-elle pas entendue, et les catholiques s'obstineront-ils toujours à soutenir la presse impie, révolutionnaire ?

M. Félix de Sarcus a publié dans la *Décentralisation* du 23 avril, quelques réflexions frappantes de vérités qu'il est à propos de rappeler ici :

« Nous voulons, a-t-il dit, signaler aux catholiques une de leurs fautes, que la plupart regardent comme bien futile, et qui a eu cependant une influence désastreuse sur ce qui arrive aujourd'hui.

« Presque aucun d'eux n'a compris la force énorme, soit pour défendre, soit pour attaquer, qui existe dans la liberté de la presse. C'est un terrain que, presque partout, ils ont abandonné sans combat à leurs adversaires qui s'en sont habilement saisis pour parvenir jusqu'au cœur de la place.

« Allons-nous voir commettre la même faute et répéter imperturbablement la même *rengaine,* digne de M. Prud'homme, d'épique mémoire :

« Je ne m'abonne pas à un bon journal parce qu'ils sont tous plus ou « moins ennuyeux, et puis, tout ce qu'ils répètent, je le sais déjà par « cœur. J'en prendrai un mauvais, parce qu'ils sont plus *amusants,* et puis, « je suis bien aise de savoir ce qu'ils disent. Cela ne peut pas avoir d'in-« convénients pour moi, je suis ferré sur les principes : cela ne me chan-« gera pas et cela m'*amusera.* »

« N'est-ce pas là le langage que nous entendons tenir chaque jour par « de..... *naïfs* catholiques ?

« Et avec ces beaux raisonnements, nous avons vu, depuis longues années, les catholiques verser soigneusement leur argent dans la caisse de ceux qui leur font une guerre à mort ! Pareils à des soldats qui tire-

____

(1) Depuis plusieurs Évêques de France et du monde ont fait de la Presse le sujet de leurs mandements de Carême. — Citons l'admirable mandement du Carême 1877 de Mgr l'archevêque de Toulouse.

raient, de leurs propres gibernes, des cartouches pour en remettre à leurs ennemis prêts à cesser le feu faute de munitions, sous le fallacieux prétexte que le bruit de la bataille les *amuse;* et que, si le feu de l'ennemi s'eteignait, faute de cartouches, cela produirait un silence *ennuyeux* et monotone !

« Et vous ne vous aperceviez pas, aveugles que vous êtes, qu'en admettant même que le poison que vous introduisez sous votre toit, fût inoffensif pour vos convictions robustes, il n'en exerce pas moins ses ravages sur tous ceux qui vous entourent? Vous vous plaignez amèrement de voir l'indiscipline, la désobéissance, l'esprit de révolte se développer et grandir autour de vous, parmi vos enfants et vos serviteurs ! Et vous ne comprenez pas que c'est vous-même qui semez ces terribles plantes à la croissance rapide, qui étouffent impitoyablement, sous leur végétation malsaine et touffue, tous les bons germes qui pourraient encore exister chez ceux qui vous entourent.

« Vous vous *amusez!* Et pendant ce temps-là, le travail désorganisateur se fait, la corruption monte, monte toujours : et maintenant, trouvez-vous que le résultat soit *amusant?*

« Ah ! à vous autres soi-disant conservateurs et religieux, il fallait la *distraction* d'un journal, soit révolutionnaire, soit irréligieux.

« Vous semiez; voici l'heure de la moisson, et vous reculez épouvantés !

« Il est bien tard, et cependant de cela, comme de toute chose que Dieu a faite, on pourra voir sortir le bien du mal, si la leçon a porté coup.

« Que chaque catholique proscrive impitoyablement de chez lui toute publication qui aurait, à un degré quelconque, le cachet immoral, antisocial ou anti-religieux; qu'il veille avec un soin jaloux à n'apporter son argent qu'à des œuvres concourant, à des degrés divers, au travail de la reconstitution sociale; qu'au lieu d'affadir son esprit et son intelligence, souvent même en corrompant son cœur, par des lectures *amusantes* mais malsaines, il s'accoutume à des lectures solides qui trempent et préparent l'esprit pour les luttes qu'il nous faut subir chaque jour; qu'ils rompent résolument les liens si puissants de l'habitude qui fait qu'on garde *son* journal, même quand il est mauvais, par cette seule raison qu'on l'avait et qu'on continue à l'avoir. Raisonnement d'idiot qui voudrait continuer à manger du poison demain, par cette raison victorieuse qu'il en a mangé hier !

« Qu'instruit par l'exemple même de ses ennemis, il comprenne et emploie, pour la diffusion des idées saines et morales, les moyens que la Révolution met en œuvre pour répandre ses doctrines subversives et anti-sociales. Qu'au lieu de collectionner avec amour, dans quelque coin où les rats seuls sont admis à le *goûter,* le journal conservateur, moral, religieux, qu'il reçoit, il se rappelle qu'en lui donnant la fortune, Dieu lui a imposé l'obligation d'y faire participer ceux bien moins partagés que lui, et que cette loi s'étend aussi bien aux choses morales qu'aux choses matérielles.

« Qu'il prête donc son journal tout autour de lui, qu'il le fasse lire par le plus de monde possible; et si, grâce à lui, il y a quelque idée fausse redressée, quelque préjugé détruit, quelque vérité comprise, qu'il sache qu'il aura fait œuvre de bon citoyen, et, en même temps, de conservateur intelligent.

« En un mot, que chacun de nous qui peut se payer le luxe de recevoir un journal, le choisisse bon, moral, religieux ; qu'il le fasse lire et relire autour de lui, le plus qu'il sera possible ; qu'il en décuple ainsi la publicité, et il s'opèrera alors, petit à petit, un travail de reconstitution morale, d'apaisement et d'instruction saine, dont l'effet salutaire sera plus rapide qu'on ne pense. Car notre plus grand ennemi, c'est l'ignorance : la lumière profite toujours à la vérité.

« Ça sera peut-être moins *amusant ;* mais quand, à force de s'*amuser,* on en arrive au point où nous en sommes aujourd'hui, il me semble que tout *conservateur* doit trouver le jeu trop cher et trop dangereux. Si les *honnêtes gens* ne comprennent pas cela, il n'y a plus, hélas ! qu'à laisser faire la justice de Dieu ! »

Il y a plus, Messieurs, voulons-nous que la presse remplisse en faveur de l'Église le rôle puissant qu'elle joue contre elle, élevons-la à la dignité d'un apostolat. Oui, que la presse entre nos mains ne soit *pas avant tout une affaire, une question de boutique*, que surtout les vendeurs du temple soient chassés avec ignominie et à coup d'étrivières. Condamnons ceux qui commettent le crime de simonie en exploitant cette idée de l'apostolat de la presse au profit de leur cupidité ou de leur ambition. (Bravos. — Applaudissements.)

Que faut-il pour donner à l'Œuvre de la Presse le caractère d'un apostolat, pour informer en elle la vie surnaturelle, la transférer ainsi des choses humaines à la hauteur des choses de Dieu ?

Il faut que cette Œuvre reçoive de Dieu une *mission ;* il faut que le Vicaire de *Jésus-Christ* lui dise, comme autrefois *Jésus-Christ* aux apôtres : *Ite, allez*, enseignez la vérité, combattez l'erreur. Je vous approuve et je vous bénis.

La presse catholique a reçu cette mission, et l'Œuvre de Saint-Paul particulièrement.

Il n'est presque pas de journaux catholiques qui n'aient été honorés d'un bref spécial de Pie IX, bénissant, encourageant les efforts des hommes qui avaient mis leur vie au service de l'Église par la presse.

Le 21 mars 1853, la parole pontificale se fit entendre d'une manière générale. Pie IX, plaçant la presse sous la paternelle bienveillance des évêques, la mettait au rang de leurs plus chères sollicitudes :

« Nous ne pouvons nous empêcher de rappeler ici les conseils par lesquels, il y a quatre ans, nous excitions ardemment les évêques de tout l'univers catholique à ne rien négliger pour engager les hommes remarquables par le talent et la saine doctrine, à publier des écrits propres à éclairer les esprits et à dissiper les ténèbres des erreurs en vogue. C'est pourquoi, en vous efforçant d'éloigner des fidèles commis à votre sollicitude le poison mortel des mauvais livres et des mauvais journaux, veuillez, aussi, nous vous le demandons avec instance, poursuivre de toute votre bienveillance et de toute votre prédilection les hommes qui, animés de l'esprit catholique et versés dans les lettres et dans les sciences, consacrent leurs veilles à écrire et à publier des livres et des journaux, *pour que la doctrine catholique soit propagée et défendue, pour que les droits dignes de toute vénération de ce Saint-Siége et ses actes aient toute leur force, pour que les opinions et les sentiments contraires à ce Saint-Siége et à son autorité dispa-*

raissent, pour que l'obscurité des erreurs soit chassée et que les intelligences soient inondées de la douce lumière de la vérité.

« Votre charité et votre sollicitude épiscopale devront donc exciter l'ardeur de ces écrivains catholiques, animés d'un bon esprit, afin qu'ils continuent de défendre la cause de la vérité catholique avec un soin attentif et avec savoir. »

Voilà donc la *mission* donnée par Pie IX (1).

Mais il faut que cette *mission* soit sanctifiée par la prière et fécondée par la charité.

Or, nous recommandons l'Œuvre de *Saint François de Sales*, qui a pour but le soutien de la bonne presse par la prière et la charité. Nous pourrions raconter ici tout ce que cette Œuvre a apporté d'appui à la presse catholique.

Reconnaissance à Mgr de Ségur, fondateur de cette Œuvre ! (Applaudissements.)

Nous prions aussi le R. P. Ramière de continuer à mettre au service de la presse la puissance de l'*Apostolat de la prière*. Nous le remercions d'avoir déjà fait de la *presse* l'objet des intentions générales pour attirer sur elle les bénédictions de Dieu. Nous sollicitons, au nom du Sacré-Cœur de Jésus, que l'on recommande encore aux millions de fidèles, membres de l'apostolat de la prière, de souffrir, de se dévouer pour la presse catholique.

L'heure ne serait-elle pas venue de faire appel aux âmes viriles qui ont conscience de la puissance de la presse pour les grouper dans une association ou confrérie qui aurait pour *but spécial, exclusif, l'apostolat par la presse dans le sens le plus étendu, le plus général de ce mot*, des âmes qui, par leurs prières, leur dévouement, leur héroïsme, se dévoueraient à la presse catholique et n'auraient qu'une passion : travailler à la défense de l'Église et de son Christ et au salut des peuples par la presse. Elles s'y dévoueraient par amour pour Jésus-Christ et son Église.

Oh ! oui, cet apostolat est à naître. Les âmes ont faim de vérité, soif de justice ; elles rencontreront la charité du pain de la vérité. Pendant ce congrès, il est une chose qui m'a frappé, c'est que j'ai vu toutes les œuvres entreprises pour restaurer le règne de Jésus-Christ par la prière, la charité et le dévouement. Eh bien ! l'heure est venu de prier, et de prier beaucoup ; de se dévouer pour la presse catholique. La prière est la puissance de Dieu entre les mains de la faiblesse humaine. La prière illuminera les âmes pour révéler l'importance de la presse, inspirera pour cet apostolat des dévouements nécessaires, elle popularisera dans les masses cette grande pensée, que la presse peut devenir un des modes de l'apostolat catholique répondant aux besoins de nos temps nouveaux ; la prière, en éclairant les intelligences, ouvrira les cœurs, retrempera les âmes et informera ainsi dans ceux qui se dévouent à l'Église par la presse la vie de foi, d'espérance et de charité, de ces vertus surnaturelles qui passeront dans l'Œuvre pour l'élever jusqu'à la dignité divine d'un apostolat.

Est-ce que saint Paul ne serait pas le protecteur de cette Œuvre ? Saint

___

(1) Voir plus loin les brefs de Pie IX et les approbations de cardinaux, archevêques et évêques données à l'Œuvre de Saint-Paul.

Paul, l'apôtre par excellence, n'aurait-il pas usé de nos découvertes du télégaphe, de la vapeur, de l'imprimerie pour multiplier ses admirables Épitres et les envoyer aux extrémités du monde ? Saint Paul, avec la signification chrétienne que nous donnons à ce mot, n'a-t-il pas été le *premier journaliste* de l'Église ? Louis Veuillot appelle bien un journaliste la bête de somme d'un parti ; eh bien ! saint Paul fut la bête de somme du parti de Jésus-Christ. Ne serait-ce pas sous sa protection que nous devrions nous réunir, nous, résolus de nous consacrer à l'apostolat par la presse ? Nous prendrions saint Paul comme notre type, nous essayerions de faire revivre son courage, nous nous inspirerions de son amour passionné pour Jésus-Christ, nous le suivrions dans son intrépidité, qu'aucun obstacle ne brise jamais, nous prendrions comme fond de nos constitutions ces admirables chapitres vi de la première Epitre, et xiii de la seconde aux Corinthiens. (Très-bien ! très-bien ! — Applaudissements.)

Oui, Messieurs, une institution apostolique de saint Paul pour élever la presse à ces hauteurs divines de l'apostolat chrétien, c'est là une pensée que nous confions à Jésus-Christ, à saint Paul, à vos âmes. *Que* Jésus-Christ *suscite le de Mun de la presse !*

L'avenir dira si ce n'est là qu'un rêve ou bien, si le souffle de Dieu, emportant ce grain de sénevé dans quelques âmes, fera sortir cette arbre magnifique où les oiseaux du ciel trouvent abri et protection. Quoi qu'il en soit de vos doutes, voici un fait acquis.

Dans une petite ville d'un petit pays, l'Œuvre est tentée, et Jésus-Christ, par l'intercession de saint Paul, semble la bénir.

L'Œuvre, a son berceau, a reçue de Pie IX un bref qui lui assure la bénédiction du grand Pape.

l'Œuvre de Saint-François de Sales, qui la soutient par la prière, par la charité, surnaturalise les publications diverses de cette Œuvre modeste.

Des âmes courageuses prient saint Paul et le regardent comme leur protecteur, leur modèle. Elles étudient ces Epîtres, elles demandent au grand Apôtre l'intelligence de l'apostolat par la presse, et le dévouement pour l'exercer avec énergie, foi, espérance et amour.

Hélas ! c'est un commencement bien petit, ce n'est rien ; mais saint Paul dit : Que Dieu choisit ceux qui ne sont rien et moins que rien, *ea quæ non sunt elegit Deus*. C'est plus pauvre que Bethléem, mais c'est peut-être un berceau. (Applaudissements.)

Un pauvre prêtre fonda cette admirable Congrégation des Filles de Saint-Vincent-de-Paul.

Une servante fonda la propagation de la Foi.

Quatre jeunes gens sont la pierre angulaire des conférences de Saint-Vincent-de-Paul.

Est-ce que les âmes si délaissées de notre pauvre Europe seront donc seules abandonnées ?

Eh bien ! si Dieu le veut..... prions, souffrons, agissons. *Si Deus pro nobis, quis contra nos ?* Si Dieu est pour nous, qui sera contre nous ? Je puis tout en Celui qui me fortifie. *Omnia possum in eo qui me confortat.*

Que la volonté de Dieu dirige les âmes qui portent dans l'ardeur de leur amour de Jésus-Christ cette sainte pensée, et que notre vie soit Jésus-Christ. .

« Non, Seigneur, il ne faut point que nous nous érigions en sages et

« en politiques, et malheur à nous si nous le sommes, ô mon Dieu ! à
« vos dépens.

« Les blasphèmes que l'on profère contre votre nom, les profanations
« de votre sanctuaire, les transgressions de votre loi, les insultes, les
« scandales, les dérèglements de votre peuple, tout cela fait sur notre
« cœur une impression à laquelle nous ne pouvons résister. Quoi qu'en
« dise le monde, il faut que nous nous expliquions, que nous parlions. »
(Psaume de David.)

*Sancti qui sperant in Domino habebunt fortitudinem, assument pennas ut aquilæ,
volabunt et non deficient.*

Credidi propter quod locutus sum. (Bravos et applaudissements prolongés.)

Conclusion du rapport DE LA COMMISSION DE LA PRESSE, PROPOSÉE A L'AS-
SEMBLÉE GÉNÉRALE DES COMITÉS CATHOLIQUES DE FRANCE PAR M. LE CHANOINE
SCHORDERET.

Les catholiques ont, à l'égard de la presse, un double devoir, et en
le formulant nous donnerons à ce rapport ses conclusions pratiques.

PREMIER DEVOIR.

Lutte contre la mauvaise presse.

Pour remplir ce devoir, nous demandons aux membres des comités
catholiques de France, de mettre eux-mêmes en pratique et de faire connaître autour d'eux les enseignements du Souverain-Pontife et des Évêques
défendant et condamnant l'abonnement aux mauvais journeaux, l'achat
des mauvais livres, la lecture et le prêt de publications malsaines, et cela
sous peine de faute grave, à moins d'y être contraint par état ou par
mission (1).

SECOND DEVOIR.

Propagande de la bonne presse.

En ce qui concerne ce second devoir, nous prions les membres des
comités catholiques d'user de tous les moyens d'action qui sont en leur
pouvoir pour élever la presse catholique à la dignité d'un apostolat, par
la *mission* qu'elle reçoit de l'Église, par la prière et la charité, et par
l'amour de Jésus-Christ créant la pureté d'intention, de soutenir, par des
abonnements directs et de propagande, les journaux qui servent la cause
de l'Église et qui sont, comme le dit Pie IX, *appuyés sur les doctrines de*

---

(1) Allocution de Pie IX aux curés de Rome. — Lettre pastorale collective des évêques
suisses : Influence de la presse dans nos temps présents ; 1872. — Mandements de
NN. SS. les évêques d'Angers et de Tournay, de Toulouse, etc.

cette chaire apostolique à laquelle ont été confiés l'enseignement suprême et la garde de la foi et des mœurs. (1).

La même prière leur est adressée à l'égard de toutes les associations catholiques qui ont pour mission la propagande de la bonne presse.

Nous insistons sur la nécessité de répandre parmi tous les catholiques, et jusque dans les masses, cette pensée féconde que, si la mauvaise presse est un engin formidable de destruction, entre les mains des catholiques la bonne presse peut revêtir le caractère d'un apostolat.

Nous émettons enfin le vœu qu'on étudie la question de la formation d'une confrérie de la bonne presse, sous le patronage de saint Paul, destinée à travailler à la réalisation pratique des devoirs que nous venons d'indiquer.

—

Le rapport de M. le chanoine Schorderet rencontra un écho favorable dans le monde entier.

Depuis, l'Œuvre a marché et a défini son rôle d'une manière plus précise.

Aussi son Fondateur a-t-il eu l'honneur de faire, au Congrès de 1875, un nouveau rapport sur la vie, l'actualité, l'importance et l'urgente nécessité de l'Œuvre de Saint-Paul. Nous en indiquons plus loin les principales conclusions.

M. le chanoine Schorderet donna connaissance à l'Assemblée d'une adresse envoyée au Saint-Père et conçue dans les termes suivants où se trouve résumé le but de l'Œuvre :

Très-Saint Père,

Très-humblement prosterné aux pieds de Votre Sainteté, nous offrons au Vicaire de Jésus-Christ le rapport sur les devoirs des catholiques à l'égard de la presse que nous avons présenté au Congrès de Paris en avril dernier, lors de la réunion des comités catholiques de France.

Très-Saint Père, nous consacrons tous nos efforts à élever la presse à la dignité d'un apostolat, au moyen de l'Œuvre de Saint-Paul. L'Œuvre de Saint-Paul a pour but :

1° De sanctifier les écrivains catholiques par la prière, les sacrements et l'imitation de saint Paul;

2° D'assurer l'existence, la sécurité et le bon marché des publications catholiques;

3° De grouper des âmes d'élite, dans le monde entier, autour de ce nom béni de saint Paul, du grand apôtre des nations, prédicateur de la vérité dans le monde, afin que ces âmes, par leur dévouement, leur intelligence, leur union, luttent contre les ravages de la presse mauvaise, et opposent partout et avec rapidité, aux mensonges de l'impiété, l'éclatante lumière

---

(2) Bref de Pie IX au journal la *Liberté* de Fribourg (Suisse), organe quotidien des catholiques de Suisse.

de l'Église romaine, vierge et mère dont vous êtes, ô Très-Saint Père, le chef illustre et infaillible.

Telles sont les pensées qui nous soutiennent au milieu des difficultés et des épreuves que rencontre la fondation de cette Œuvre.

Très-Saint Père,

Une parole de Votre Paternité nous rassurerait; elle serait pour nous une lumière! Votre bénédiction féconderait nos faibles efforts; vos encouragements nous aideraient à nous tenir debout contre les attaques de ceux qui accusent l'Œuvre naissante. Une approbation de Votre Sainteté nous affermirait surtout dans cette pensée, où nous puisons notre courage, que cette Œuvre, malgré les entraves que lui opposent les haines de la Révolution et les critiques de la peur, est dans les desseins de Dieu.

Nous n'en voulons pour témoignage que les encouragements unanimes que l'Œuvre de Saint-Paul a recus des congrès catholiques de Paris, Lyon, Lille, Londres et Sachseln, en Suisse.

Les approbations d'un grand nombre d'évêques raniment aussi notre zèle et éclairent notre voie.

Nous sollicitons, avec une confiance toute filliale, de Votre bonté si paternelle, une approbation encore plus haute: c'est celle de Votre Sainteté en faveur de l'Œuvre de Saint-Paul qui a pour but de travailler, à l'exemple du grand apôtre saint Paul, à la défense de la sainte Église et à la restauration du règne de Jésus-Christ par le moyen de la presse sanctifiée par la prière, le dévouement et la mission qu'elle reçoit de Rome.

Daignez, ô Très-Saint Père, agréer l'offrande absolue de la vie de Votre indigne fils, pour la cause de Jésus-Christ et de son Église.

Chanoine Schorderet,
Directeur central de l'Œuvre de Saint-Paul.

A cette adresse, Sa Sainteté a daigné répondre par un bref bien significatif. En voici le texte :

A Monsieur le Chanoine Schorderet, directeur central de l'Œuvre de Saint-Paul, à Fribourg (Suisse).

Nous avons reçu la lettre pleine de dévouement que vous Nous avez adressée, en même temps que le rapport présenté par vous au Congrès des catholiques, tenu l'année dernière à Paris.

Nous avons votre ministère pour agréable; et, puisque vous Nous avez apporté le témoignage de plusieurs évêques qui ont loué le projet que vous avez formé, vous avec d'autres pieux fidèles, de combattre, par une action commune, les efforts des impies qui abusent de la presse contre la religion, et de travailler à l'impression et à la diffusion de travaux inspirés par une saine doctrine, Nous nourrissons le ferme espoir que votre excellente organisation sera féconde et salutaire pour le peuple fidèle.

C'est pourquoi Nous supplions Dieu de vous assister dans vos projets, d'illuminer votre intelligence et de diriger vos pas, afin que vous puissiez opérer tout le bien que vous attendez de votre association. En attendant, Nous vous envoyons, à vous et à vos associés, du fond de Notre cœur, la Bénédiction Apostolique, gage de la grâce céleste.

Donné à Rome, près de Saint-Pierre, le 10 février 1875, la vingt-neuvième année de Notre pontificat.

PIE P. P. IX.

Après avoir entendu la lecture de ce Bref et celle du rapport de M. le chanoine Schorderet, le Congrès des comités catholiques a adopté à l'unanimité les résolutions suivantes :

I. Le Congrès, sur le rapport qui a été fait de l'Œuvre de Saint-Paul, en reconnaît l'actualité et l'importance.

II. Les membres du Congrès expriment à Sa Sainteté Pie IX et aux évêques leur reconnaissance pour les approbations et les bénédictions que l'Œuvre de Saint-Paul a reçues de leur part. Le Congrès unit ses encouragements à ces approbations et à ces bénédictions.

III. La Commission de la presse exprime le vœu que les membres du congrès *ne négligent rien* pour attirer sur cette Œuvre l'attention des âmes qui se dévouent à la presse, et provoquer en sa faveur les prières, les dévouements et la charité des catholiques.

IV. Les comités catholiques de France expriment le vœu de voir l'Œuvre de Saint-Paul se développer partout, et lui promettent le concours de leur influence et de leur dévouement.

Avant ce dernier Bref, quatre autres Brefs déjà avaient été envoyés au Fondateur de l'Œuvre de Saint-Paul par l'immortel Pie IX.

Dans le Bref du 24 juillet 1872 Pie XI disait :

Les vœux sincères que vous Nous adressez dans cette occasion, avec les fruits de vos travaux et de votre zèle, sollicitent Notre gratitude et méritent d'autant plus Notre affection paternelle qu'à bien d'autres titres votre vertu se recommande à Nous d'une manière encore plus éclatante. Nous reconnaissons, en effet, les soins assidus et l'application qu'avec le louable concours des bons dans votre pays, vous apportez à la défense de la vérité, de l'ordre moral et de la religion, cela au moyen de tant de publications et de travaux littéraires qui répondent à la nécessité des temps et que vous soigniez avec un zèle digne de tout éloge. Courage donc, chers Fils, et agissez virilement, pleins de confiance en Dieu dont vous servez la cause, appuyés sur les doctrines de cette Chaire apostolique à laquelle a été confié l'enseignement suprême et la garde de la foi et des mœurs, avec cette union des âmes et cet esprit de charité dont saint Augustin écrivait : — La victoire appartient à la vérité seule, et la victoire de la vérité, c'est la charité.

Le 3 juin 1874 Pie IX écrivait à M. le chanoine Schorderet :

.Votre lettre Nous a grandement consolé en Nous prouvant que, fermes dans la foi, vous vous teniez étroitement unis à ce Siége apostolique, et qu'avec la plus généreuse constance vous aviez mis tous vos soins et tout votre zèle à faire servir les ressources de l'imprimerie à la défense de la vérité catholique. Nous ne pouvons pas ne pas donner à votre entreprise les éloges qu'elle mérite, surtout en voyant que vous suivez les enseignements et l'autorité des évêques légitimes de la Suisse, qui se sont acquis une gloire immortelle en défendant avec intrépidité la cause de la justice. Continuez donc, et, mettant votre espoir en Dieu, ayez la confiance que la lutte que vous soutenez sera un jour couronnée de succès.

Les vœux, les encouragements et les bénédictions du Saint-Père ont fécondé les efforts persévérants du Fondateur de l'Œuvre de Saint-Paul.

Aux approbations de Pie IX, et des Congrès de Paris sont venus se joindre les approbations et les bénédictions des Évêques dans le monde entier et les encouragements unanimes des Congrès catholiques de Lille, de Londres, et de Sachseln en Suisse.

—

Approbations données à l'Œuvre de Saint-Paul par des Cardinaux, Archevêques et Évêques du monde entier.

Les maux immenses causés par l'abus de la presse et les blessures faites par sa licence effrénée à la religion de Jésus-Christ, sont depuis longtemps un sujet de tristesse amère pour tous ceux qui croient à la vérité de l'Evangile. Ils seront très-heureux d'apprendre qu'une nouvelle association, appelée l'Œuvre de Saint-Paul, est fondée par quelques pieux et savants prêtres pour arrêter l'accroissement de ces maux, et faire servir la presse à défendre et à propager la vraie religion, ainsi qu'à donner une vigoureuse impulsion à toutes les œuvres pieuses.

Je souhaite que Dieu bénisse l'Œuvre de Saint-Paul et qu'il lui donne la prospérité. Approuvée et bénie par le Vicaire de Jésus-Christ sur la terre, et par des évêques dont quelques-uns souffrent pour la foi, elle ne peut manquer de rendre de grands services à la religion et de mériter à ses fondateurs la protection du Ciel.

Dublin, 3 octobre 1874.

† Paul Cullen, card. Archevêque de Dublin.

—

L'importance du but auquel tend l'Œuvre de Saint-Paul est bien évidente. Daigne le Seigneur la bénir et lui donner le succès !

Vienne, 7 juin 1875.

† J. O. Rauscher, card. Archevêque de Vienne.

—

Je demande au Seigneur la même bénédiction pour l'extension et la prospérité de cette Œuvre pieuse et importante. Que son patron, l'apôtre saint Paul, la préserve des dangers auxquels sont exposés si souvent des œuvres qui ont pour but le soutien de la bonne presse.

Dornbach, 7 juin 1875.

† M. Jos. de Tarnoczi, card. Archevêque de Salzbourg.

Je bénis de tout mon cœur l'Œuvre de l'Apostolat de la presse, établie pour propager et défendre la vérité catholique.

Westminster, 18 août 1874.

† Henri-Edouard, Archevêque de Westminster.

—

J'approuve entièrement cette Œuvre, et je prie Dieu de lui donner sa bénédiction.

Goerz, 13 juin 1875.

† Andréas Gohmayer, prince-Archevêque de Goerz.

—

Que Dieu bénisse l'Œuvre de Saint-Paul, à laquelle je donne très-volontiers mon concours.

Thurles, 25 octobre 1874.

† Patrick Leahy, Archevêque de Cashel.

—

L'Œuvre de Saint-Paul, ou l'Apostolat de la presse, établie pour la défense et la propagation de la vérité catholique, a toutes mes sympathies et mon entière approbation. Je prie Dieu d'en faire un instrument pour l'abondante diffusion de la vérité et la défense de la justice et de la religion. Qu'il daigne bénir les fondateurs et les soutiens de cette œuvre qui a reçu les bons souhaits de son Vicaire sur la terre.

Glasgow, 26 septembre 1874.

† C. Eyre, Archevêque d'Anazabra.

—

J'accueille l'Apostolat de la presse avec une vive satisfaction, et je recommande ardemment cette œuvre pieuse.

Munich, 13 avril 1875.

† Gregorius, Archevêque.

—

Je joins mes approbations à celles de mes Vénérables collègues.

Marbourg (Styrie), 12 juin 1875.

† Jacob Mez, Archevêque.

—

Je désire de tout mon cœur qu'un appui général soit donné à l'Apostolat de la presse, qui est placé sous la protection de saint Paul. Cette Œuvre est approuvée par le Saint-Siége dans les termes les plus favorables, et elle est recommandée à bon droit par les évêques catholiques comme très-salutaire à l'Eglise.

Fribourg (Bade), 24 mars 1875.

† Lotharius Kuebel, évêque de Leuca *in partibus infidelium*, coadjuteur de l'arch. de Fribourg (Bade).

—

Monsieur le Directeur et cher ami,

Jamais, peut-être, il n'y eut une semblable conspiration contre Dieu et contre son Christ; l'Evangile est déchiré, l'Eglise est menacée ou insultée; tout est disputé par une presse quotidienne; les droits les plus saints, les plus évidents, les libertés les plus élémentaires du catholicisme sont niés ou bafoués tous les jours. Depuis les *Revues* habilement écrites jusqu'aux *feuilles* brutalement rédigées qui s'adressent au peuple, tous ces organes de la publicité travaillent à un but commun qui éclate aux yeux de tous, *avilir l'Eglise de Dieu et l'enchaîner* sous le double despotisme du césarisme et de la démagogie. Le mot d'ordre donné par les sociétés secrètes s'exécute avec une audace et un accord qui nous feraient trembler pour l'Eglise, si nous ne savions pas qu'elle repose sur les promesses de Dieu et qu'elle est l'Immortelle Victorieuse des passions humaines.

Devons-nous, nous catholiques, nous désintéresser de ces luttes publiques, et, spectateurs paisibles, laisser à l'Esprit-Saint le soin de sauver l'Eglise en péril ?

Laisserons-nous tous les préjugés, toutes les ignorances et toutes les rancunes ruiner les sentiments de foi, de justice et de liberté, sans faire entendre une parole qui soit devant tous une protestation contre l'erreur et un enseignement public de la vérité ?

Tout chrétien donc est appelé à la défense de ses convictions, de l'honneur et des droits de sa Mère, la sainte Eglise ; il faut que tous apportent, sans hésiter, leurs sympathies, leur concours, leur obole à cette œuvre, l'une des plus importantes de notre époque : *l'œuvre de la presse chrétienne.*

Que les nuances sans valeur, que les dissentiments personnels, que les susceptibilités étroites disparaissent, et que tous les soldats de *la presse* se tendent une main amie et cordiale pour défendre la vérité intégrale dans les tendresses et la fermeté de la charité.

✝ GASPARD, Evêque d'Hébron.

Je bénis cette Œuvre de l'Apostolat de la Presse, et, pour la presse, je souscris pour cinq ans *deux cents francs* par an.

✝ GASPARD MERMILLOD,
Vicaire apostolique de Genève.

23 juin 1874.

—

J'approuve l'Œuvre de Saint-Paul, parce qu'elle a pour but de propager et de défendre les principes chrétiens, nécessaires au bonhenr des peuples, et de seconder l'action de l'Eglise catholique dans le monde. Que Dieu la protège et qu'il la rende prospère !

Lucerne, 28 août 1874.

✝ Eugène, évêque de Bâle.

—

Je joins mon approbation à celle de mon cher et Vénéré Seigneur Mgr Lachat, pour l'Œuvre de Saint-Paul.

St-Maurice, le 3 septembre 1874.

✝ Etienne, évêque de Bethléem,
abbé de St-Maurice.

—

Nous nous joignons volontiers à ceux qui approuvent et protègent la bonne presse sous le patronage de Saint-Paul, comme sous celui de Saint-François de Sales, parce que cette Œuvre, en s'efforçant de propager et défendre avec zèle, prudence et charité les vrais principes chrétiens, seconde efficacement l'action de l'Eglise catholique pour le véritable bonheur des peuples dans le monde.

Fribourg, 24 septembre 1874.

✝ Etienne MARILLEY, évêque de Lausanne.

L'assemblée générale des comités catholiques, que nous avons présidée dernièrement à Lille, a exprimé le désir que l'Œuvre de Saint-Paul, pour le soutien de la presse catholique, soit fondée dans les provinces du Nord. Nous croyons devoir la recommander vivement, et demander pour elle la plus large bénédiction du Ciel.

Arras, le 18 novembre 1874.

† Jean-Baptiste-Joseph, évêque d'Arras,
Boulogne et Saint-Omer.

—

Je recommande une entreprise qui cherche à appliquer un remède à la plus grande source des maux si nombreux des jours présents.

St-Thomas, séminaire Hammersmith.

Londres, 18 août 1874.

† Villiam, évêque d'Amycla.

—

Je bénis de tout mon cœur l'Œuvre de l'Apostolat de la presse, pour la propagation et la défense de la vérité catholique. Je prie afin que les efforts de ses fondateurs soient couronnés de succès.

Southwark, cathédrale St-Georges, 23 août 1874.

† James, évêque de Southwark.

—

L'Apostolat de la presse promet de grandes bénédictions à l'Eglise et mérite d'être soutenue par tous les fidèles. J'implore humblement le succès pour ceux qui ont entrepris de la fonder et de la maintenir, et des bénédictions pour ceux qui coopèrent à cette Œuvre.

† Brown O. S. B. évêque de Newport
et Menevia.

—

L'Œuvre de Saint-Paul, l'Apostolat de la presse, me paraît être une Œuvre grande et admirable, et je suis heureux de l'approuver et de prier le Dieu tout-puissant de bénir ses promoteurs.

Hereford, St-François-Xavier, 1er septembre 1874.

† J. C. HEDLEY, O. S. B., évêque de
Césaropolis.

—

J'unis également mon approbation à celle de mes vénérés collègues. C'est par la typographie que les bonnes ou les mauvaises doctrines se répandent dans le monde, et le monde serait sauvé, si les écrivains et les ouvriers étaient vraiment et sincèrement catholiques.

En pèlerinage à Paray-le-Monial, 1er juillet 1874.

† FELIX, Evêque de Nantes.

—

Je m'unis cordialement à cette sainte Œuvre, aux évêques qui la bénissent et à tous les catholiques qui la dirigent et la propagent.

1er juillet 1874, à Paray-le-Monial.

† R. M. CHARLES POIRIER,
Evêque de Roseau Dominica et des
îles Danoises des Antilles.

—

L'Œuvre de Saint-Paul, très-instamment recommandée.
Fête de saint Pierre et de saint Paul.

† L. G. de SEGUR,
Chanoine, Evêque de Saint-Denis.

—

L'Œuvre de Saint-Paul ou l'Apostolat de la presse, instituée pour la défense et la propagation de la vérité catholique, a mon approbation et mon ardente sympathie. Je prie le Dieu tout-puissant d'en faire un instrument pour l'abondante diffusion de la vérité, et pour la défense de la justice et de la religion, et de bénir les fondateurs et les promoteurs d'une entreprise qui a obtenu la bienveillance du Vicaire de Jésus-Christ sur la terre.

Glasgow, 26 septembre 1874.

† C. EYRE, archevêque d'Anazarba.

—

Je bénis l'Œuvre de la presse catholique comme une bonne et sainte entreprise, et je prie pour son succès.

Birmingham, 11 septembre 1874.

† William BERNARD, évêque de
Birmingham.

—

L'Œuvre de Saint-Paul paraît devoir avancer la connaissance de notre sainte religion, et répandre cette connaissance plus largement et plus facilement parmi le peuple. Par conséquent, je l'approuve cordialement et je la recommande au concours zélé et charitable des fidèles de mon diocèse.

Shrewsbury, 13 septembre 1874.

† JAMES, évêque de Shrewsbury.

—

Le but auquel tend l'Œuvre de Saint-Paul est très-méritoire. Je prie Dieu de bénir ceux qui l'ont entreprise, en accordant le succès à leurs travaux.

Liverpool, 15 septembre 1874.

† BERNARD, évêque de Liverpool.

—

Nous sommes loin de reconnaitre l'immense service qui peut être rendu à la religion par la presse. Une presse foncièrement catholique, intelligente, populaire et persuasive, contribuera largement à la régénération d'une société qui a été conduite sur le bord de l'abîme par la presse anti-catholique et hostile.

Je remercie Dieu d'avoir inspiré la pensée d'élever la prese à la dignité d'un apostolat, en unissant aux travaux qui en font essentiellement partie, des vies qui sont en même temps consacrées à la prière et à la pauvreté évangélique. Quand la presse sera animée de l'esprit de l'Evangile, elle accomplira sa mission.

Je souhaite toutes les bénédictions à cette entreprise.

Salford, 17 septembre 1874.

† HERBERT, évêque de Salford.

—

L'Œuvre de l'apostolat de la presse, pour répandre la vérité catholique et pour la défense de cette vérité, a ma plus chaude recommandation.

Leeds, 21 septembre 1874.

† Robert, évêque de Beverley.

—

L'Œuvre de Saint-Paul, pour le soutien de la presse catholique, a ma cordiale approbation, et je prie le Dieu tout-puissant de la bénir.

Newcastle, 23 septembre 1874.

† James, évêque d'Hexham et Newcastle.

—

Je donne avec empressement ma bénédiction et mon approbation à la bonne Œuvre de Saint-Paul.

Bristol, 26 octobre 1874.

† William Cliffort, évêque de Clifton.

—

J'approuve cordialement cette entreprise. Je la bénis et je demande pour elle au Ciel tout le succès qu'elle mérite : *Jus est ab hoste doceri.* Il est temps que nous apprenions des ennemis de la religion le secret de leur succès (qui consiste dans une action systématique et combinée), et que nous dirigions contre eux les armes dont ils ont fait un usage si fatal aux intérêts de la foi chrétienne. J'userai de toute l'influence que je possède dans ce diocèse, pour favoriser le progrès de cette Œuvre si meritoire, et je la recommanderai spécialement à la protection du clergé.

Je souscris pour cette bonne Œuvre mon obole de 250 francs.

Collége de St-Pierre, Wexford, 29 octobre 1874.

† Thomas , évêque de Terns.

—

J'approuve cordialement l'Apostolat de la presse, comme étant une mesure très-appropriée et très-providentielle, pour satisfaire à un des grands besoins de la sainte Église dans notre temps. Je recommande l'Œuvre aux prières et au concours charitable du clergé et des fidèles de mon diocèse, et je prie instamment afin que son influence s'étende promptement dans toutes les parties de l'Église pour réagir contre les enseignements pervers de la presse anti-chrétienne.

Sligo, 30 octobre 1874.

† Laurent Gilloody, évêque d'Elphin.

—

Je souhaite tous les succès et toutes les bénedictions à l'Œuvre de la presse catholique. Elle tend à un but d'une importance vitale, et elle a obtenu une haute sanction.

St-Barnabas, 28 novembre 1874.

† Édouard, évêque de Nottingham.

—

Je considère l'Œuvre de Saint-Paul comme particulièrement nécessaire à notre époque, et, par conséquent, je l'approuve, et, en la bénissant sérieusement, je prie pour son succès.

Edimbourg, 25 septembre 1874.

† J. Strain, évêque d'Abyla.

—

Une œuvre, professant de poursuivre l'objet que l'Œuvre de Saint-Paul se propose, paraît être non-seulement urgente de nos jours, mais elle peut être considérée comme une preuve du soin avec lequel Dieu veille sur les intérêts de son Église, et procure, dans sa sagesse, les moyens les mieux appropriés aux temps et aux circonstances, pour faire triompher la cause de la vérité sur ses plus grands ennemis.

Une Œuvre, qui a reçu la bénédiction du Saint-Père, et qui paraît non-seulement appelée spécialement à servir une cause sainte, mais qui semble particulièrement calculée de manière à atteindre le grand but qu'elle se propose, est une œuvre qui doit être plus que recommandée. Je prie donc Dieu de bien vouloir la bénir et lui faire porter des fruits abondants.

Aberdeen, 28 novembre 1874.

† Jean MACDONALD, évêque de Nicopolis,
Vicaire apostolique des districts septentrionaux
de l'Écosse.

J'ai prêté une sérieuse attention à l'Œuvre de l'Apostolat de la presse. Il est hors de doute qu'elle soit destinée à faire un bien inappréciable à la cause de la religion. La cordiale et solennelle bénédiction du Saint-Père, qui repose sur elle, lui assure le concours de tous les vrais catholiques. J'apprécierai comme une faveur la permission d'y prendre part.

T. J. CAPEL.

Collége de l'Université catholique.

Kensington, 20 novembre 1874,

Je suis convaincu depuis longtemps qu'il n'y a pas de besoin plus urgent que celui d'une presse foncièrement catholique, pour servir de barrière au torrent de corruption qui va croissant du côté de la presse infidèle et immorale de notre temps. L'Apostolat de la presse, béni et approuvé par Notre Très-Saint-Père et par les Évêques catholiques de divers pays, apparaît à plusieurs comme un don spécial du Ciel pour la conservation de la foi et de la morale de notre peuple catholique, et pour la conversion de beaucoup de nos frères séparés. Celui qui ne souhaiterait pas de grand cœur à cette œuvre la faveur de Dieu, serait un catholique bien froid.

Tullow, 13 décembre 1874

† Jacques LYNCH, évêque-coadjuteur
de Kildare et Leighlin.

Je souhaite cordialement du succès à l'Œuvre louable dont vous me donnez communication.

Carlow, 14 décembre 1874.

† James WALSHE, évêque de Kildare et
Leighlin.

L'Œuvre de Saint-Paul, appelée l'Apostolat de la presse, a mon entière et cordiale approbation.

Limerick, 18 décembre 1874.

† GEORGES, évêque de Limerick.

—

Convaincu que la nouvelle association de l'Apostolat de la presse est établie pour soutenir les intérêts de la religion, je l'approuve de tout mon cœur et je suis heureux de lui donner un témoignage de bienveillance.

Kilaloe, 20 décembre 1874.

† Joseph KYAN.

—

J'approuve chaudement et je bénis de tout mon cœur l'Œuvre de l'Apostolat de Saint-Paul, espérant qu'elle pourra contrebalancer les efforts infatigables que fait la presse infidèle et anti-catholique pour pervertir les esprits.

Nuvry, 29 octobre 1874.

† Jean LEATHY, évêque de Dromore.

—

Je ne puis refuser mes encouragements à l'Œuvre de Saint-Paul, ni omettre d'apporter mon obole à une entreprise si méritoire qui a été bénie par N. S. Père le Pape et patronnée par tant de prélats distingués de la Suisse, de la France, de l'Angleterre et de l'Irlande. J'appuierai autant que possible l'Apostolat de la presse, et je recommanderai cette Œuvre à mon clergé, qui, j'en ai la confiance, s'y intéressera.

Skibbereen, 1er décembre 1875.

† M. O'HEA, évêque de Ross.

—

L'Œuvre de Saint-Paul ne peut manquer d'être bien accueillie par tous ceux qui désirent la vérité, la moralité et la religion dans la presse publique.

Cork, 27 décembre 1874.

† Guillaume DELANY.

—

L'idée de se servir de la presse comme d'un moyen pour avancer la cause sacrée de la religion et de la morale, a été une heureuse inspiration. L'Œuvre de Saint-Paul, par laquelle on cherche à accomplir cette tâche, a ma pleine et cordiale approbation.

Queenstown, 2 janvier 1875

† Jean MAC-CARTHY, évêque de Cloyne.

—

Je suis heureux d'ajouter mon approbation à celles de mes vénérables collègues en faveur de l'Œuvre de Saint-Paul. Je souhaite beaucoup de succès à l'Apostolat de la presse.

Laughrea, 19 janvier 1875.

† PATRICK, évêque de Clonfort.

—

Le grand besoin de nos temps est d'avoir une presse catholique, honnête et agissante, placée au-dessus des motifs intéréssés des éditeurs.

Comme j'espère que l'Apostolat de l'Association de Saint-Paul sera en état de faire beaucoup de bien dans cette voie, je lui donne ma cordiale approbation.

Belfast, 20 janvier 1875.

† P. DORRIAN, évêque de Down et Connor.

J'ajoute mon approbation à celles qui précèdent.

† Conaty, évêque de Kilmore.

—

Nous donnons avec joie notre approbation à l'Œuvre de Saint-Paul.

† Conway, évêque de Killala.

† Mac Cormack, évêque-coadjuteur d'Aghonry.

—

Je souhaite du succès à l'Œuvre de Saint-Paul, et je demande pour elle la bénédiction de Dieu.

Killarney, 6 janvier 1875.

† Moriarty, évêque de Kerry.

—

Je m'unis de cœur, et avec le plus religieux empressement, à tous les éminents Évêques qui ont bien voulu honorer de leurs suffrages l'*Œuvre de Saint-Paul*. Il semble que, en nos temps si troublés, Dieu se réserve l'honneur d'étonner le monde par le triomphe des instruments les plus humbles sur les difficultés en apparence les plus insurmontables. Le mal se croit près de vaincre; Dieu suscite quelques pauvres femmes de bonne volonté, et la victoire se fixe du côté de la vérité, de la justice et de la vertu.

Rome, 17 avril 1875.

† F. M. A. de Cabrières, évêque de Montpellier.

—

Que le glorieux et magnanime Apôtre et Docteur des nations, près de la tombe duquel j'ai l'honneur de vivre, et dont je suis l'humble et dévot serviteur, bénisse, protége, accroisse l'Œuvre pieuse de l'Apostolat de la presse. Qu'il donne la lumière, la force et sa protection à ses fondateurs, qui ont mon entière sympathie.

St-Paul de Rome, 19 avril 1875.

† François-Léopold, abbé de St-Paul.

—

Je m'unis à mes vénérés collègues de l'épiscopat et à tous les bons catholiques, pour approuver et encourager l'Œuvre en question.

Rome, 22 avril 1875.

† Pierre, évêque de Versailles.

—

Je joins avec empressement l'expression de mes sentiments et de mes vœux aux précieuses recommandations accordées à l'*Œuvre de Saint-Paul* par mes vénérés collègues. Je demande à Dieu, par l'intercession de l'Apôtre des nations, de susciter de nombreux Paul qui renouvellent ses prodiges par leur prédication et leurs écrits, et reproduisent ses vertus pour gagner les âmes à Jésus-Christ.

Rome, en pèlerinage *ad Limina*, 23 avril 1875.

† Jean-Émile, évêque d'Agen.

—

Je suis heureux d'ajouter mes vœux à ceux des évêques catholiques pour la prospérité de l'Apostolat de la presse.

St-Gal, 3 avril 1875.

† Charles-Jean Greith, évêque.

Je souhaite à l'Apostolat de la presse une grande prospérité.
Chur, 8 avril 1875.

> Pour l'ordre épiscopal. † Gaspard, évêque.

—

Que le Seigneur bénisse cette bonne Œuvre pour la propagation du règne de Jésus-Christ.
Ratisbonne, 23 avril 1875.

> † Ignace, évêque

—

C'est avec bonheur que je m'unis à mes vénérables collègues, pour bénir et recommander l'Apostolat de la presse.
Eichstadt, 24 avril 1875.

> † François-Léopold, évêque d'Eichstadt

—

Je suis heureux d'ajouter mes vœux et mes bénédictions à ceux de mes vénérables collègues en faveur de l'Œuvre de Saint-Paul.
Wurtzbourg, 27 avril 1875.

> † Jean-Valentin, évêque de Wurtzbourg.

—

Je fais le plus bienveillant accueil à l'Œuvre de l'apostolat de la presse et je la recommande chaudement.
Trente, 2 juin 1875.

> † Jean, évêque-coadjuteur.

—

Que Dieu accorde sa plus grande grâce et son plus ferme appui à cette Œuvre, et que tous les vrais chrétiens l'accueillent avec bienveillance !
Brixen (Tyrol), 3 juin 1875.

> † Vincent, évêque.

—

On ne saurait avoir un meilleur but que celui que se propose l'Œuvre de l'Apostolat de la presse. Que Dieu bénisse cette Œuvre par l'intercession de saint Paul.
Lintz, 5 juin 1875.

> † François-Joseph, évêque.

—

Je m'unis de tout mon cœur aux bénédictions et aux recommandations ci-dessus exprimées.
St-Polten (près Vienne), 6 juin 1875.

> † Mathieu-Joseph, évêque.

—

Cette bonne Œuvre a pour but de sanctifier par le christianisme ce qu'il y a de profane dans la presse, et de renverser les obstacles qui pourraient s'opposer à ce qu'elle pût être consacrée au service de la gloire de Dieu et de sa sainte Église.

Que Dieu bénisse cette Œuvre; qu'il accorde sa grâce à ceux qui y coopèrent, soit par leur plume, soit par leurs actes.
Vienne, 8 juin 1875.

> † Jean, évêque-auxiliaire de Vienne.

—

L'Œuvre de Saint-Paul, bénie par le Saint-Père et recommandée par un grand nombre d'évêques, me semble destinée à produire les plus heureux résultats, par le moyen de la presse, pour la défense de l'Église et de la cause catholique. Je prie Dieu de répandre ses plus amples bénédictions sur l'Œuvre elle-même, et sur tous ceux qui s'y consacrent.

Rome, 24 avril 1875;

Nic. Mauron, Cong. SSmi Red. Supérieur général.

—

Je m'associe de tout mon cœur à la pensée et à l'Œuvre de Saint-Paul, qui est peut-être la *plus nécessaire* de toutes les œuvres de foi, au temps où nous sommes.

A. Delaporte, Supérieur général des Prêtres de la Miséricorde.

—

Je serai heureux de voir le succès de ces travaux chrétiens en faveur d'une presse chrétienne qui nous aide dans ces luttes de chaque jour du bien contre le mal.

G. DANIEL, aumônier des zouaves pontificaux.

—

Quelques hautes et nombreuses que soient les approbations et les bénédictions de Pie IX et des Évêques, les enconragements des Congrès catholiques, comme toutes les Œuvres de dévouement, l'Œuvre de Saint-Paul ne peut se développer efficacement que par l'appui de la solidarité catholique.

C'est ce qu'ont bien compris des cœurs dévoués à la restauration du règne de Jésus-Christ. Par leur influence et leur zèle, il s'est formé un Comité protecteur de l'Œuvre appelé Conférence de Saint-Paul, sous les auspices et le haut patronage de Mgr de Ségur qui a bien voulu offrir ses salons et présider à la formation de la Conférence.

Nous extrayons des *Annales catholiques*, le compte-rendu des deux premières séances de la *Conférence de Saint-Paul*, qui indique les progrès de l'Œuvre de Saint-Paul en France.

1re *Séance*. — 9 janvier 1877.

Présents : Mgr de Ségur ; MM. le vicomte d'Avenel, le marquis de Biencourt, J. Chantrel, le docteur Frédault, Lestourgie, ancien député, l'abbé Martin, le vicomte de Ponton d'Amécourt, le comte de Ruty le vicomte de Saint-Asaph, l'abbé Théodore.

Absents et excusés: MM. le chanoine Schorderet, le comte du Pont, le vicomte d'Aboville, de La Baume, le baron de Commaille, Maurice de Junquières.

Mgr de Ségur, président, ouvre la séance par la prière suivie de la lecture d'un chapitre des épîtres de saint Paul.

M. Lestourgie accepte à titre provisoire les fonctions de secrétaire.

M. d'Amécourt, promoteur de la réunion, annonce qu'il n'a convoqué parmi les amis de l'Œuvre de Saint-Paul ou ses adhérents que des personnes ayant déjà fait preuve de leur dévouement aux œuvres de propagande catholique, parce que la seule question mise à l'ordre du jour de la séance est le patronage des imprimeries de Saint-Paul.

Invité par Mgr de Ségur à prendre la parole sur l'Œuvre de Saint-Paul, M. l'abbé Martin commence par remercier le digne Prélat, le champion de la presse catholique, de la haute protection qu'il daigne accorder à l'Œuvre. Il témoigne aussi sa plus vive gratitude aux autres membres de la réunion, de ce qu'à l'exemple des Rois-Mages qui sont venus au berceau de l'Enfant-Jésus, ils veulent bien entourer de leur amour et de leur dévouement le berceau d'une Œuvre toute consacrée à la restauration du règne de Jésus-Christ. Il fait ensuite l'historique de l'Œuvre de Saint-Paul dont le but est l'apostolat par la presse ; il raconte dans quelles circonstances cette institution prit naissance en Suisse ; il expose son but, ses moyens, son opportunité, ses rapides développements, les encouragements qu'elle a reçus des évêques et du Souverain-Pontife, les aspirations des comités catholiques qui, de tous les côtés, sollicitent la fondation de nouvelles imprimeries. Il donne des détails sur les établissements de Ville-d'Avray et de Paris, où l'Œuvre est fondée, sur leurs besoins, et il exprime l'espoir que les catholiques de France voudront bien prendre cette Œuvre sous leur protection.

La parole est donnée à M. le vicomte d'Amécourt qui lit le rapport suivant :

Messieurs,

Au commencement de l'année 1876, beaucoup d'honnêtes gens tremblaient en France. Presque partout les élections générales, à la Chambre des députés et au Sénat, avaient été faites sous l'inspiration d'une haine implacable contre l'Eglise catholique ; il suffisait d'être un homme d'ordre pour être qualifié *clérical* et voué par les vainqueurs du jour à l'exécration publique. L'enfer semblait triompher ; on pouvait croire que de nouveaux malheurs allaient fondre sur notre patrie ; on s'attendait à la persécution, à la terreur, à l'anarchie ; le sort des otages était présent à tous les souvenirs ; les gens prudents plaçaient une partie de leur fortune à l'étranger, les plus timides s'expatriaient déjà ; mais, pendant que la sagesse du siècle dictait ces précautions, la folie de la croix inspirait une conduite tout opposée à quelques âmes qui brûlaient de l'amour de Jésus-Christ et du désir de s'immoler.

« C'est à Paris, toujours à Paris, que les crises sociales sont violentes,
« que le sang coule ; c'est à Paris que les bienheureux otages viennent
« encore de récolter la palme du martyre. Oh ! s'il plaisait à Dieu de
« choisir de nouvelles victimes, quelle faveur et quel bonheur ce serait
« pour nous d'arroser de notre sang le jeune arbre que nous venons de
« planter ! Allons à Paris. »

C'est en Suisse, Messieurs, sur la terre où tomba la légion Thébéenne,
que l'on tenait ce langage, mais ceux qui conçurent un pareil projet et le
réalisèrent n'étaient pas les fiers soldats d'une légion romaine, c'étaient
d'humbles et faibles jeunes filles. Leur calcul, du reste, était fort judicieux :

« Au jour de son orgie, la révolution commencera par anéantir tout ce
« qui osera la combattre ; la presse catholique deviendra muette, parce
« que toutes les imprimeries sont asservies à la société internationale des
« typographes ; s'il existe une imprimerie, une seule, dont les ouvriers
« soient libres, l'émeute viendra la briser et ses servants seront voués
« au sort des otages. Fonder cette presse libre à Paris, c'est prendre le bon
« billet de loterie pour le martyre ; allons à Paris. »

Celles qui raisonnaient ainsi étaient de pauvres et humbles ouvrières de
Saint-Paul, les compositrices-typographes organisées à Fribourg par M. le
chanoine Schorderet.

Il faut d'abord vous dire en peu de mots ce qu'est l'Œuvre de M. le
chanoine Schorderet.

Dans cette petite république légitime de Suisse qu'on appelait jadis la
terre classique de la liberté, la lutte était vive entre les véritables tenants
de la liberté chrétienne et les esclaves de la tyrannie révolutionnaire.
Les cantons catholiques étaient souvent opprimés. Vous connaissez, Messieurs, la guerre du Sonderbund, l'expulsion des jésuites et l'odieuse
persécution qui sévit encore actuellement dans les cantons de Genève et de
Berne. Les catholiques luttent vaillamment, et l'un des champions de la
bonne cause est un chanoine de Fribourg, M. l'abbé Schorderet, qui a fondé
la publication du journal la *Liberté* et de plusieurs autres feuilles catholiques. Dans le cours de ses travaux apostoliques, M. le Chanoine fut
renseigné sur la puissante organisation de la société internationale parmi
les ouvriers typographes. A deux ou trois exceptions près, les imprimeries
de Suisse et de France sont occupées par des membres de cette société
formidable ; les contre-maîtres surtout sont ses agents, et sa cohésion est
telle qu'un patron n'est pas libre de choisir ses ouvriers, ni de fixer le nombre de ses apprentis. L'ouvrier qui n'appartient pas à la société ou qui lui
déplaît ne peut pas travailler. Dans les questions de salaire, dans les grèves,
les patrons traitent avec cette société comme avec une puissance. M. le Chanoine découvrit, en outre, que parmi les typographes qui composaient ses
journaux catholiques se trouvaient quelques principaux chefs de la Société
typographique. Des menaces surprises par lui commandèrent sa vigilance.
« Il suffira d'un signe, disait-on, pour que le parti clérical ne puisse plus
« faire imprimer une seule ligne en Europe. » M. le Chanoine avertit Rome,
et il apprit de la bouche la plus autorisée que des agents secrets de l'Inter-

nationale s'étaient glissés jusque dans l'imprimerie du Vatican, et qu'au moment du concile, Rome ne pouvait même plus faire une communication secrète aux évêques par le moyen de la presse. C'était assez pour décider M. le Chanoine Schorderet à entreprendre une des plus grandes œuvres du siècle, l'affranchissement des imprimeries catholiques, et l'apostolat par la Presse.

La Presse, depuis Gutenberg, a fait beaucoup de mal ; elle a aussi fait du bien. Si elle est un engin funeste entre les mains des méchants, elle est un excellent outil entre les mains des bons. L'apôtre saint Paul qui visitait toutes les chrétientés et multipliait ses épîtres, n'aurait pas manqué de faire servir les inventions modernes à son apostolat s'il avait vécu dans notre siècle ; il aurait mis à profit la presse, les chemins de fer, la télégraphie électrique. Ne peut-on pas donner le baptême à la Presse et en faire un apôtre ? M. Schorderet l'a pensé et s'est mis à l'œuvre. Il faut à la presse catholique des écrivains, des imprimeurs, du papier, des lecteurs ; M. Schorderet songera à tout, mais il courra au plus pressé, et, pour conjurer la menace de l'Internationale, il créera une contre-internationale de la bonne presse. Les femmes sont aussi aptes que les hommes au travail de composition pour les imprimeries ; M. Schorderet s'adresse à quelques-unes de ces âmes d'élite que le sceau du dévouement a marquées pour se sacrifier à la cause de Jésus-Christ. Les unes voulaient entrer au Carmel et chercher la vie contemplative, les autres se donner à l'enseignement ou aux pieux labeurs dont le seul salaire est payé par Dieu ; toutes brûlaient du désir de s'immoler. « Voulez-vous être à la fois des Marthe et des Marie ? Le tra-
« vail est une prière, voulez-vous travailler et prier en même temps ?
« voulez-vous sans entrer dans un couvent mais dans un atelier être
« les filles du grand apôtre saint Paul ?.. » Elles acceptèrent avec bonheur, avec joie. M. le chanoine les envoya à Lyon dans une imprimerie servie par des femmes, et il commença par faire bien des sacrifices pour créer ce capital de connaissances pratiques qu'on appelle l'apprentissage, capital sur lequel tout ouvrier ordinaire peut vivre, nourrir et élever sa famille. Cependant l'Internationale, qui a des yeux et des oreilles partout, découvre les préparatifs de M. Schorderet ; un complot est formé : il ne faut pas laisser aux ouvrières de Saint-Paul le temps d'achever leur apprentissage ; on se mettra en grève et l'on coupera court aux publications catholiques de Fribourg. Heureusement que l'on est prévenu à temps du complot ; un télégramme fait revenir en hâte la colonie de Lyon. Elle arrive dans le plus grand secret et le plus *strict incognito* à Fribourg. En ce moment les ouvriers typographes paraissaient plus calmes. On ne pouvait les congédier sans procès. La Providence voulut qu'ils prissent eux-mêmes la porte en se mettant en grève. Le lendemain au milieu de la composition de la principale publication de Fribourg ils «lèvent le pied» et, sur l'invitation de l'un d'eux, ils quittent l'atelier. — Une heure après les ouvrières de Saint-Paul étaient installées à la place des ouvriers partis. Le journal parut à l'heure ordinaire. Ce fut comme un coup de théâtre à Fribourg. C'était un coup de la Providence.

Le dévouement avait tenu lieu d'expérience, la foi avait presque fait un miracle. Depuis ce jour l'imprimerie catholique, servie par les ouvrières de Saint-Paul, est en pleine activité, de nombreuses apprenties ont grossi le petit groupe, cinquante ouvrières travaillent aux presses du bon Dieu, et vingt d'entre elles ont formé un premier essaim pour venir à Paris, il y a un an bientôt.

La petite colonie Suisse s'établit d'abord auprès de Saint-Cloud. Une seule ouvrière, la directrice de l'atelier, est française; elle a vingt-six ans. Je suis peut-être indiscret, Messieurs, en vous donnant ces détails; mais on n'aime pas ce qu'on ne connaît pas; je veux vous faire aimer l'Œuvre de Saint-Paul, il faut bien vous la faire connaître, et d'ailleurs mes confidences ne peuvent que vous édifier. La directrice a été une ouvrière enrôlée près de Lyon. Les ouvrières de Lyon c'est comme la langue du fabuliste Esope, c'est comme la presse, c'est capable de tout mal et de tout bien; une ouvrière de Lyon a créé l'Œuvre de la Propagation de la Foi. Notre ouvrière, Marguerite-Marie, était donc prise au hasard dans la foule, elle était initiée aux travaux d'imprimerie et vivait de son travail. Comme elle avait vraiment le génie de son métier, M. le Chanoine, pour suppléer à l'insuffisance de l'apprentissage, l'avait enrôlée comme mercenaire aux gages de deux cents francs par mois, et l'avait attirée à Fribourg. Mais la petite mercenaire, typographe consommée, se trouvait avoir en même temps une âme d'apôtre. Elle fut prise par la contagion du dévouement, elle refusa comme une honte le salaire qu'elle avait stipulé, elle devint fille de Saint-Paul, et fut chargée de conduire la colonie de Paris. C'est à Ville-d'Avray, dans un charmant cottage qui serait un excellent lieu d'apprentissage pour la France, de repos pour les malades, que la Providence plaça d'abord les pieuses émigrées ; d'excellentes presses y furent installées avec tout le matériel d'imprimerie. On se mit tout de suite au travail. Dans les circonstances où l'Œuvre de Saint-Paul s'établissait en France, le séjour de Ville-d'Avray avait l'avantage de la tenir en dehors du département de la Seine, et de la soustraire aux tracasseries que, dans le cas de son arrivée au pouvoir, la révolution démagogique n'aurait pas manqué de susciter aux œuvres de Paris. Mais on ne tarda pas à reconnaître l'impossibilité de trouver ailleurs qu'à Paris même les moyens de développer et d'alimenter l'activité des presses de Saint-Paul. Un traité passé avec M. Palmé pour la composition de la *France nouvelle* força la petite colonie à se diviser en deux groupes, et huit filles de Saint-Paul ouvrirent une nouvelle imprimerie rue de Verneuil, n° 35; c'est là que se fait la composition de la *France nouvelle*. Une revue, les *Annales catholiques* de M. Chantrel, servant aujourd'hui de Bulletin à l'Œuvre de Saint-Paul, est imprimée à Ville-d'Avray.

M. le chanoine Schorderet est retenu presque toujours à Fribourg par les soins qu'exigent les maisons principales et les œuvres suisses. Un excellent prêtre du canton de Vaud, M. l'abbé Martin, s'est associé à ses travaux et dirige, au point de vue moral, les deux groupes de Ville-d'Avray et de Paris.

Vous pouvez visiter, Messieurs, ces deux ateliers catholiques, vous serez édifiés et charmés.

Les ouvrières de Saint-Paul défient l'intolérance révolutionnaire, car elles forment une association d'ouvrières vivant sous le régime et sous le bénéfice de la loi qui règle ces sortes d'associations, ayant chacune leur livret, participant aux bénéfices de la société. Oh ! oui, elles participent aux bénéfices et elles ne vendraient pas leur part pour une grosse somme d'argent, car cette part, c'est le bonheur de servir Dieu et l'espoir de gagner le Ciel. Elles n'en ont pas d'autre. Ces âmes qui pour la plupart étaient des demoiselles avant d'être les servantes de Saint-Paul, ont tellement peur d'être à charge à la Société qu'elles ne renouvellent leurs vêtements qu'à la dernière extrémité, vivent dans la plus grande économie et même, on peut le dire, dans une sainte pauvreté. Qu'on parle de socialisme, Messieurs, voilà le seul socialisme possible, celui que la foi réalise, celui qui supprime les sept péchés capitaux, celui qui remplace la famille par Dieu. J'ai dit souvent aux utopistes de l'association : vous n'inventez rien ; si vous voulez faire du socialisme, soyez catholiques d'abord, moines ensuite. Du reste, nos associées de Saint-Paul ont le suprême bonheur de s'asseoir tous les matins à la Table sainte ; elles travaillent en silence et méditent en travaillant ; un exercice surtout remplit leur journée et tient constamment leur âme en communication avec Jésus-Christ, c'est le pieux exercice de l'horloge de la passion. Chaque fois qu'une heure sonne, une des ouvrières, à tour de rôle, indique une des circonstances de la Passion, et c'est, jusqu'à l'heure suivante, le sujet de la méditation de l'atelier pour tous les instants que le travail n'absorbe pas. Quel exemple !

Ici, Messieurs, j'ouvre une petite parenthèse. On vient de fonder à Paris une conférence de Saint-Joseph dont le but est de faire des associations d'ouvriers chrétiens de différentes industries ; les ébénistes ont commencé dans le faubourg Saint-Antoine. Or, une grave objection était faite à ce projet. Pourquoi mettre ensemble les bons ouvriers, disait-on ? Ne vaut-il pas mieux les disperser dans les ateliers pour qu'ils donnent partout le bon exemple ? Messieurs, l'homme est bien faible, et à moins d'avoir une vertu héroïque il garde difficilement son âme intacte dans le milieu malsain des ateliers de Paris. L'atelier d'imprimerie de la rue de Verneuil va vous montrer l'influence de l'exemple et l'attraction qu'exerce la vertu aussi bien que le vice.

Quand les ouvrières de Saint-Paul entreprirent la composition de la *France nouvelle,* elles se trouvèrent n'être pas assez nombreuses. Fribourg ne put envoyer qu'un renfort insuffisant ; il fallut adjoindre à l'atelier quelques ouvrières mercenaires. On en trouva six ou huit à grand'peine. Dès le second jour l'une d'elles déclara qu'elle ne voulait pas travailler avec des bigotes et se retira. Les autres qui, peut-être, dans des ateliers ordinaires, auraient pris part à des propos irréligieux ou immoraux, ont subi avec docilité l'entraînement du bon exemple, elles observent avec joie la règle du silence et de la prière. Je conduisais un jour dans l'atelier un respectable chorévêque maronite ; on parla avec émotion de saint Paul et de Damas, puis une des ouvrières demanda au missionnaire sa bénédiction, tout l'atelier tomba à genoux ; les ouvrières du dehors étaient aussi émues, aussi édifiantes que les filles de Saint-Paul. Voilà peut-être pour l'une de celles-là, me disais-je, le chemin de Damas. Oui, l'imprimerie de la rue de Verneuil a été le chemin de Damas pour sept ouvrières de Paris ; la sainte contagion les a frappées, elles sont devenues des modèles d'édification, des apôtres dans le monde. Ah ! pourquoi n'en aurions-nous pas par centaines de ces mercenaires que la grâce touche si facilement, qui abandonnent leur salaire et se donnent par-dessus le marché, comme Marguerite-Marie, ou qui travaillent par leur exemple et par leur vertu à régénérer la famille en France ? C'est ainsi qu'on refera l'ouvrier chrétien.

Voilà, Messieurs, l'histoire de l'Œuvre de M. le chanoine Schorderet. Descendons de ces sommets du dévouement chrétien, de ces prodiges qu'opère la foi ; revenons aux régions humaines, au terre à terre de la vie matérielle, et des questions d'argent ; demandons-nous si ces Jeanne d'Arc de la presse catholique useront en vain sur notre sol de France leur vie, leur santé, l'opiniâtre labeur de jour et de nuit que soutient leur foi héroïque. Voilà le précieux germe d'une Œuvre immense. Ce grain de sénevé peut produire un grand arbre ; les filles de Saint-Paul sont à Ville-d'Avray autant qu'il y avait d'apôtres au cénacle pour entreprendre la conquête du monde ; il y a même parmi elles une jeune et pieuse anglaise qui doit à son tour conduire une colónie dans l'*île des Saints* et acquitter la vieille dette de la France pour l'apostolat des saint Colomban, des saint Fiacre, de tous ces moines anglais qui ont fécondé pour Dieu le sol gaulois. Ce germe doit-il périr ? Non, non, Messieurs, mille fois non !

Examinons avec l'œil sec et inquisiteur d'un banquier quelles sont les conditions économiques qui peuvent, en faisant abstraction du concours de la Providence, faire décréter la vie ou la mort de l'Œuvre de Saint-Paul. Tâtons-lui le pouls, comme on dit dans ce monde-là, et voyons s'il y a du sang.

Voici une industrie qui se fonde à Paris. Elle n'a pas le moindre *dollar* en caisse ; elle a cependant un matériel de travail qui a coûté plus de 30,000 francs, et qui, par la grâce de Dieu, est payé. Il s'est rencontré des âmes généreuses qui ont su faire ces sacrifices par amour pour Jésus-Christ. Elle a le capital que tout homme reçoit de Dieu, l'intelligence et les bras ; elle a l'autre capital que la pratique acquiert, l'apprentissage ou la connaissance du métier. Voilà quinze ouvrières qui, dans n'importe quelle imprimerie, gagneraient chacune quatre francs par jour, tout en procurant un bénéfice à leur patron. En ne comptant pas les fêtes et les dimanches, en ne comptant pas le travail de nuit, chacune de ces ouvrières vaut trois cent fois quatre francs par chaque année ; toutes ensemble elles valent dix-huit mille francs par an. Elles coûtent tout au plus neuf mille francs. En se donnant à saint Paul, elles apportent donc une fortune de neuf mille francs de rente, et si l'on capitalise cela sur le taux de sept pour cent, puisque c'est une rente viagère qui repose sur des têtes de vingt à trente ans, on trouve une valeur de cent trente mille francs. Un industriel vulgaire, même en comptant pour rien son savoir-faire, doit trouver dix pour cent de son outillage ; c'est encore trois mille francs qui portent à 12,000 francs les revenus de notre imprimerie et le capital à 160,000 francs. Toute industrie sérieuse doit couvrir ses frais généraux, payer le loyer de l'atelier. Un imprimeur ordinaire, après avoir payé ses ouvriers, couvert ses frais généraux, prélevé l'amortissement et l'intérêt du capital-outil ne ferait que rentrer dans ses déboursés-là où nous trouvons douze mille francs de revenu, mais sa situation serait bien moins avantageuse que la nôtre. Les ouvriers typographes se mettent périodiquement en grève pour diminuer les heures de travail, augmenter le salaire et rendre la vie dure au patron. Ils travaillent ordinairement huit heures pour gagner six francs, tandis que je viens de supputer à quatre francs un travail de 10, 12 et quelquefois 16 heures. L'imprimeur ne peut pas compter sur le dévouement de ses ouvriers, car il représente pour eux l'odieux capital qui exploite la sueur du peuple; il ne peut baser les calculs de rendement de ses opérations que sur les travaux exécutés à la tâche. Malgré tout cela il se trouve des imprimeurs, et plusieurs font de grandes fortunes.

Je vous demande, Messieurs, si, dans les conditions où est l'Œuvre de Saint-Paul, et à part tout espoir dans la Providence, une industrie ne doit pas prospérer.

Il manque pourtant quelque chose, une chose essentielle; c'est un fond de roulement, c'est l'argent au jour le jour, pour faire les avances de nourriture, payer le loyer, et attendre l'époque des recouvrements. Avant même de travailler, il faut avancer deux termes de loyer ; pendant qu'on travaille, il faut vivre et quand le travail est livré il faut attendre quelquefois le payement de la facture. Le meilleur de tous les fonds de roulement, c'est l'argent en caisse ; ordinairement le crédit supplée à cet argent et tient lieu de capital roulant, mais le crédit s'acquiert par un long exercice; une industrie nouvelle est toujours en suspicion et manque de crédit.

Il faut, disons-le tout de suite, à l'Œuvre de Saint-Paul un fond, un capital pour ses début. Au bout de deux ans, elle n'aura plus besoin d'être assistée, elle marchera avec ses propres forces.

J'arrive immédiatement aux moyens d'obtenir ce crédit et je vais vous en indiquer plusieurs en vous priant d'arrêter votre choix sur l'un d'eux.

La conférence de Saint-Jean-l'Aumônier a adopté l'Œuvre de Saint-Paul et lui procurera d'ici à six mois son fond de roulement.

Je vais vous apprendre ce qu'est la conférence de Saint-Jean-l'Aumônier; c'est une œuvre qui, sous la forme de la cotisation dite du *sou de la bonne cause* a procuré 20,000 francs en 1868 à l'artillerie pontificale, 75,000 francs en 1875 à la cause carliste, qui a commandité l'association d'ébénistes du faubourg Saint-Antoine, qui récolte en ce moment 15,000 francs pour le patronage des émigrés carlistes, et qui a commencé à demander 20,000 francs pour l'Œuvre de Saint-Paul de Paris. La conférence de Saint-Jean-l'Aumônier patronne toutes les œuvres *catholiques et sociales,* c'est-à-dire toutes les œuvres qui répudient hautement et formellement la fausse doctrine des catholiques libéraux. Sa manière de procéder est fort simple, elle a des amis dans tous les cantons de France, et quand elle veut *quinze mille* francs, elle demande cinq francs à chaque canton; mais son organisation n'est pas encore assez complète pour qu'elle puisse faire un appel et réaliser une somme en quelques jours; il lui faut plusieurs mois.

Nous avons différents moyens d'atteindre cette réalisation et de gagner six mois. Le plus simple serait d'avoir recours à un banquier. Les banquiers prêtent pour trois mois; on peut faire un renouvellement et obtenir six mois, mais un banquier ne prête pas aux entreprises nouvelles; il exige une garantie, une signature commerciale connue ou un dépôt de titres.

Si quinze personnes voulaient nous confier, pour six mois, chacune un titre quelconque d'une valeur de mille francs, le fonds de roulement serait immédiatement formé.

Si cent cinquante personnes voulaient prêter pour un an chacune cent francs, ce serait encore mieux.

Si tout cela n'est pas possible, il y a un autre moyen. Tous, Messieurs, vous connaissez des personnes qui ont quelquefois l'occasion de faire gémir les presses, ne fut-ce que pour imprimer de simples lettres d'avis. Demandez à ces personnes, après leur avoir fait connaître l'Œuvre de Saint-Paul, de vouloir bien, par charité, faire l'avance d'une petite somme qui serait remboursable dans un délai donné en travaux d'imprimerie, même avec une bonification de dix ou de vingt pour cent, et vous assurerez la sécurité à l'Œuvre de Saint-Paul.

Voilà, Messieurs, tout ce que nous cherchons; l'Œuvre de Saint-Paul demande du travail, beaucoup de travail, et un peu de crédit. Votre seul patronage est un immense gage de succès, et ce patronage ne lui fera pas défaut.

Je vous propose donc, comme conclusion immédiate, de prendre les mesures suivantes:

1° Constituer à Paris, sous le titre de *Conférence de Saint-Paul,* le comité de patronage de l'Œuvre de Saint-Paul.

2° Composer un bureau provisoire formé d'un président, d'un secrétaire et d'un trésorier;

3° Confier d'urgence à une commission de trois membres l'étude des moyens pratiques de procurer soit un fonds de roulement, soit un crédit d'au moins 15,000 francs pendant six mois;

4° Dire que le comité se réunira d'abord tous les huit jours, plus tard tous les mois seulement; fixer l'heure, le jour et le lieu des réunions;

5° Terminer chaque séance par une quête dont le produit sera affecté pendant six mois, au fonds de roulement de l'imprimerie.

Après la lecture de cet intéressant rapport, M. le président en met aux voix les conclusions qui, après une courte discussion, sont toutes adoptées.

A l'unanimité les membres présents décident que la *Conférence de Saint-Paul* est constituée.

MER DE SÉGUR est prié de conserver la présidence d'honneur.

On procède ensuite à la formation d'un bureau provisoire et d'une commission chargée d'étudier les moyens pratiques de soutenir efficacement l'Œuvre de Saint-Paul.

MGR DE SÉGUR veut bien, pendant la période d'organisation de la conférence, prêter son salon aux réunions.

La séance est terminée par la quête et par la prière.

Le Secrétaire, LESTOURGIE.

—

2ᵉ séance. — 16 *janvier* 1877.

Le rapport suivant sur l'appui à donner actuellement à l'Œuvre de Saint-Paul est lu par M. Maurice de Junquière :

Monseigneur, Messieurs,

Dans votre séance du 9 janvier vous avez nommé une commission de trois membres pour étudier les moyens pratiques de procurer à l'Imprimerie catholique de Saint-Paul ce fonds de roulement qui est indispensable à toute entreprise nouvelle. Appelé à remplacer dans cette commission votre secrétaire empêché, je dois m'excuser tout d'abord de mon insuffisance. Qu'il me soit permis de regretter, — et vous partagerez, j'en suis sûr, ce regret, — que nous soyons privés aujourd'hui du plaisir d'entendre dans cette modeste assemblée la parole si autorisée de M. Lestourgie, ancien député, parole qui retentissait naguère et qui retentira encore, nous l'espérons, dans une assemblée plus haute.

J'essayerai néanmoins de vous présenter le plus clairement possible les propositions que j'aurai l'honneur de vous soumettre au nom de la commission; et, d'ailleurs, la tâche me sera singulièrement facilitée par le lumineux rapport de mon honorable ami M. le vicomte d'Amécourt, que vous avez entendu dans votre première séance.

Vous le savez, Messieurs, l'Œuvre de l'Imprimerie catholique de Saint-Paul est une Œuvre aussi admirable que simple, bien digne de nos bons voisins, de nos vieux alliés, les catholiques de Suisse, dont les pères, il y a quatre-vingts ans, mouraient si héroïquement et si simplement pour Dieu et pour celui qui devait être, quelques mois plus tard, le royal martyr du 21 janvier ! Que ce rapprochement ne vous surprenne pas, Messieurs, le dévouement de ces héroïques soldats ne semble-t-il pas revivre en ces humbles filles de Saint-Paul venues à Paris pour y combattre, elles aussi, la Révolution, mais avec les seules armes de la foi, de la prière, sous le bénéfice du droit commun : le droit à la liberté et au travail.

Or, c'est ce travail sanctifié par la prière et le dévouement héroïque qui est la grande richesse de l'Œuvre et qui lui promet pour l'avenir une prospérité que la Providence daignera, je l'espère, lui assurer. Mais ce dévouement ne peut suppléer à tout : il faut des ressources pécuniaires, des ressources immédiates ; et comment une Œuvre naissante, encore peu connue malheureusement, pourrait-elle les demander au Crédit? Non, les typographes de Saint-Paul ne peuvent s'adresser à des banquiers : c'est autour d'elles, c'est parmi nous, Messieurs, qu'elles doivent chercher les secours dont elles ont besoin pour le développement de l'Œuvre dont elles sont les infatigables ouvrières, et dont nous devons, dont nous voulons être les dévoués coopérateurs. Il ne sera pas dit qu'en France, dans la patrie de la chevalerie, une assemblée de chrétiens a refusé son appui à ces généreuses ouvrières de JÉSUS-CHRIST !

Mais à quoi bon insister ? nous sommes tous d'accord sur le principe.

Eh bien, Messieurs, votre commission croit devoir vous proposer plusieurs solutions parmi lesquelles vous pourrez choisir la meilleure ou que vous pourrez peut-être combiner entre elles ; car, il faut bien l'avouer, aucune d'elles ne nous satisfait pleinement :

1° La première, et celle qui nous a le plus séduits, consiste à demander à ceux de nos amis qui dirigent des publications périodiques ou qui font de temps en temps imprimer leurs travaux personnels, d'avancer à l'Œuvre une certaine somme qui leur serait remboursée en impressions dans le délai d'un an avec un boni de 10 °/₀, de telle sorte qu'une avance de 500 fr. par exemple donnerait droit à 550 fr. d'impression. Le titre donné en échange de ce prêt serait cessible. Cette combinaison aurait le grand avantage de faire connaître au dehors l'Imprimerie catholique, d'étendre de plus en plus le cercle de ses relations, et d'augmenter le nombre de ses clients. En effet, tel qui n'aurait eu d'abord d'autre but, en confiant aux filles de Saint-Paul ses bulletins ou ses brochures, que de rentrer dans ses déboursés, séduit bientôt par la perfection du travail, ne voudrait plus s'adresser ailleurs. Toutefois il serait peut-être difficile, en procédant de cette manière, de recueillir aussi promptement qu'il est nécessaire la somme entière qu'il nous faut ;

2° Aussi votre commission vous proposera-t-elle, au cas où l'insuffisance du premier moyen serait reconnue, d'ouvrir immédiatement parmi nous et parmi nos amis de Paris, une souscription à titre de prêt ou de dons destinée à compléter ce que ne donnerait pas la première solution.

3° Si cela même ne suffisait pas, ne pourrait-on pas se réunir pour déposer dans un établissement de crédit ou chez un banquier catholique des valeurs en gages ?

Voilà, Messieurs, tout ce que votre commission vous propose. Tout cela n'est ni bien neuf ni bien parfait, nous le savons ; et nous serions très-heureux si quelqu'un d'entre vous avait trouvé un moyen plus pratique de faciliter, comme nous le désirons tous, le développement rapide de l'Imprimerie de Saint-Paul. — Si Jésus-Christ inspirait de généreux donateurs! L'Œuvre recommande son existence à saint Joseph.

Maurice de Junquière

Mgr de Ségur était absent de Paris, lorsqu'il apprit les efforts et les succès réalisés par la Conférence.

Sa Grandeur, qui sait si justement apprécier les services que les Œuvres peuvent rendre à la religion et à la société, et qui est si bien placée pour juger celles qui ont rapport à la presse, a adressé la lettre suivante.

Aux Membres du Comité Directeur de l'Apostolat de la Presse.

Chers Messieurs,

Dieu soit béni des premiers succès dont vous voulez bien me faire part! Cette belle Œuvre de Saint-Paul, apostolat de la Presse, est la réalisation sur une grande échelle d'un vœu plusieurs fois émis par notre Très-Saint Père le Pape Pie IX ; c'est la résistance opposée, sur l'immense champ de bataille de la Presse, à la ligue antichrétienne des ennemis de Dieu et des hommes. Je fais des vœux bien ardents pour que cette grande pensée de foi et de salut public se développe rapidement dans tous les pays catholiques ; le temps presse ; chaque jour le mensonge, la calomnie, le blasphème gagnent du terrain, et perdent des milliers d'âmes.

J'espère que les chrétiens et les honnêtes gens reconnaîtront bientôt les services incalculables qu'une organisation semblable à la vôtre est capable de rendre à l'Église et à la société, et que vous trouverez les ressources suffisantes pour marcher et pour marcher vite. Il me semble impossible que nos vénérables évêques ne bénissent pas à deux mains vos projets si catholiques, si simples, si évidemment urgents et féconds.

Que le Sacré-Cœur de Jésus, Roi des temps présents et à venir, vous remplisse tous de ses grâces les plus excellentes de lumière et de force, afin que vous puissiez mener à bonne fin votre sainte croisade ! En son amour je suis votre serviteur entièrement dévoué

✝ L-G. DE SÉGUR.

25 janvier 1877, en la fête de la Conversion de saint Paul.

Les espérances de Monseigneur de Ségur n'ont pas tardé à voir un commencement de réalisation.

Un jeune comte appartenant à l'une des premières familles de la noblesse européenne, protestant converti, pénétré de l'importance de l'Œuvre et touché du dévouement des ouvrières de Saint-Paul, est venu dire au prêtre sous-directeur de l'Œuvre: « Il ne me « semble pas difficile de réaliser la somme voulue pour une Œuvre

« pareille. Je puis moins que d'autres en ce moment. Mais je suis
« heureux de vous promettre 1000 francs que je vous apporterai
« à vous ou en votre absence au trésorier de l'Œuvre, M. le vicomte
« d'Amécourt, dont j'admire le dévouement. Pour déterminer des
« cœurs généreux à faire plus que moi, vous pouvez dire que la Pro-
« vidence vous envoie un billet de 1000 francs; mais je vous prie de
« taire mon nom. »

Nous n'avons pas besoin d'ajouter qu'il nous en coûte de ne pas
révéler ce nom, mais nous devons respecter une modestie qui fait la
gloire humaine et qui ne veut être connue que de Dieu.

Le lendemain cet envoyé de la Providence remettait en effet
le billet de 1000 francs au trésorier de la Conférence, M. le vicomte
d'Amécourt.

RÈGLEMENT

des Membres adhérents à l'OEuvre de S. Paul.

I

L'*Œuvre de Saint-Paul* a bour but de surnaturaliser l'immense puissance de la Presse, afin d'en faire une des formes nouvelles de l'Apostolat et de la mettre ainsi au service de la restauration du règne de Jésus-Christ dans les âmes, dans les familles et dans le monde. — Propagation, diffusion, vulgarisation, par la Presse sanctifiée, des enseignements de Jésus-Christ, de l'Église et en particulier du Syllabus et des définitions du Concile du Vatican.

II

Cette restauration du règne de Jésus-Christ doit se faire avant tout dans les membres et les familles agrégés à l'Œuvre.

Devoirs des Membres agrégés à l'Œuvre de Saint-Paul.

§ 1. Avoir une grande dévotion envers le Sacré Cœur de Jésus-Christ et la volonté de propager cette dévotion. *Celui qui propagera cette dévotion aura son nom inscrit dans mon Cœur et il n'en sera jamais effacé.* Voilà la principale promesse faite par Jésus-Christ à la Bienheureuse Marguerite-Marie.

Pour cela : offrir chaque jour le *Pater*, l'*Ave* et le *Credo* de la prière du matin ou du soir avec les invocations :

O doux Cœur de Jésus-Christ, faites que je vous aime toujours de plus en plus.

Notre-Dame de Lourdes, priez pour nous.

Saint Michel, priez pour nous.

Saint Pierre et Saint Paul, priez pour nous.

Bienheureuse Marguerite-Marie, priez pour nous.

§ 2. Être unis le plus possible avec Jésus-Christ crucifié :

a) Par la sainte Messe et l'horloge de la Passion. (Voir ci-après l'horloge.)

b) Par la Communion fréquente et très-fréquente et l'exercice de la Charité. Mettre en acte le chapitre XIII de saint Paul, 1ʳᵉ épitre aux Corinthiens.

c) Par l'union intime de notre vie avec la vie de JÉSUS-CHRIST. *Toutes choses et en toutes choses, Jésus-Christ. — Ma vie c'est Jésus-Christ . — Ce n'est plus moi qui vis, c'est Jésus-Christ qui vit en moi.* (St PAUL.)

§ 3. Les Membres se feront un devoir d'étudier saint Paul dans ses épîtres afin d'être ses imitateurs : *Soyez mes imitateurs, comme je le suis du Christ.* Saint Paul est par excellence le Docteur et l'Apôtre de la grâce, du grand mystère du CHRIST, qui est le foyer de l'élévation divine de l'homme à l'état surnaturel (1).

§ 4. Faire tous les ans une aumône à l'Œuvre de Saint-Paul.

Ne rien négliger de tout ce qui pourrait être entrepris pour faire servir la Presse à cette restauration du règne de JÉSUS-CHRIST, but de l'Œuvre de Saint Paul, par la prière, par l'influence, par des aumônes en faveur de l'Œuvre, le Pape affirme que *la Presse est une Œuvre Pie d'une utilité souveraine.*

Les *Annales catholiques,* de M. Chanterel (prix, 15 fr. par an) sont le Bulletin de l'Œuvre pour les pays de langue française. On s'abonne chez M. le vicomte d'Amécourt, rue de Lille, 36, Paris, trésorier de l'Œuvre de Saint-Paul. On est prié de demander tous les renseignements et d'envoyer tous les dons et les adhésions à l'Œuvre à cette adresse.

---

(1) Nous recommandons aux Membres adhérents à l'Œuvre de Saint-Paul 4 ouvrages : *Jésus-Christ; Saint Paul,* par Doublet, chez Berche et Tralin, 82, rue Bonaparte ; — *La grâce et l'amour de Jésus,* par Mgr de Ségur, chez Tolra ; — *Les Vertus chrétiennes,* par Gay, chez Oudin, 68, rue Bonaparte.

L'HORLOGE VIVANTE DE JÉSUS-CHRIST

Commence à 7 h. du soir, le lavement des pieds, et finit le lendemain, à 6 du soir,
le tombeau.

---

7 h. — *Lavement des pieds.*
8 h. — *La Cène.*
9 h. — *Prière au Jardin des Olives.*
10 h. — *Sueur de sang.*
11 h. — *Baiser de Judas.*
12 h. — *Soufflet chez le Grand Prêtre.*
1 h. — *Faux témoins. Crachats.*
2 h. — *Reniement de saint Pierre.*
3 4, 5, h. — *La Prison.*
6 h. — *Premier Interrogatoire de Pilate.*
7 h. — *Dérision d'Hérode.*
8 h. — *Flagellation.*
9 h. — *La Couronne d'épines.*
10 h. — *Barrabas préféré, Jésus condamné.*
11 h. — *Jésus baise et prend sa croix.*
12 h. — *Jésus dépouillé et cloué sur la croix.*
1 h. — *Le bon Larron.*
2 h. — *Ecce Mater tua.*
3 h. — *Jésus expire.*
4 h. — *Le Cœur ouvert.*
5 h. — *Jésus dans les bras de Marie*
6 h. — *Le Tombeau.*

VILLE-D'AVRAY. — IMP. SOUSSENS ET Cⁱᵉ.